24人に1人

渡すだけで仕事が取れる 絶対受注名刺

仕事が取れる名刺の専門家
福田剛大
（人よんで福ちゃん）

ハギジン出版

これが、24人に1人渡すだけで仕事が取れる

「絶対受注名刺」です

表　面

名刺交換を価値観交換の場へ
名刺は“命使”
名刺はあなたの分身です
office 大福
仕事の取れる名刺の専門家
福田 剛大 ふくだ たけひろ
スグ連絡つきます
たまに出られずすみません
移動オフィス：090-0000-0000
E-mail：takehiro.fukuda@abcd-efghij.com
引越しました
〒183-0005 東京都□□□□□□□□□□□□□□□□□□
TEL＆FAX：042-000-0000
※スキャナーで読み取れない名刺ですみません
長男が3才の時に描いた僕の似顔絵です
www.shunkan-dentatsu.com
命 使
瞬間伝達
名刺の専門家

裏　面

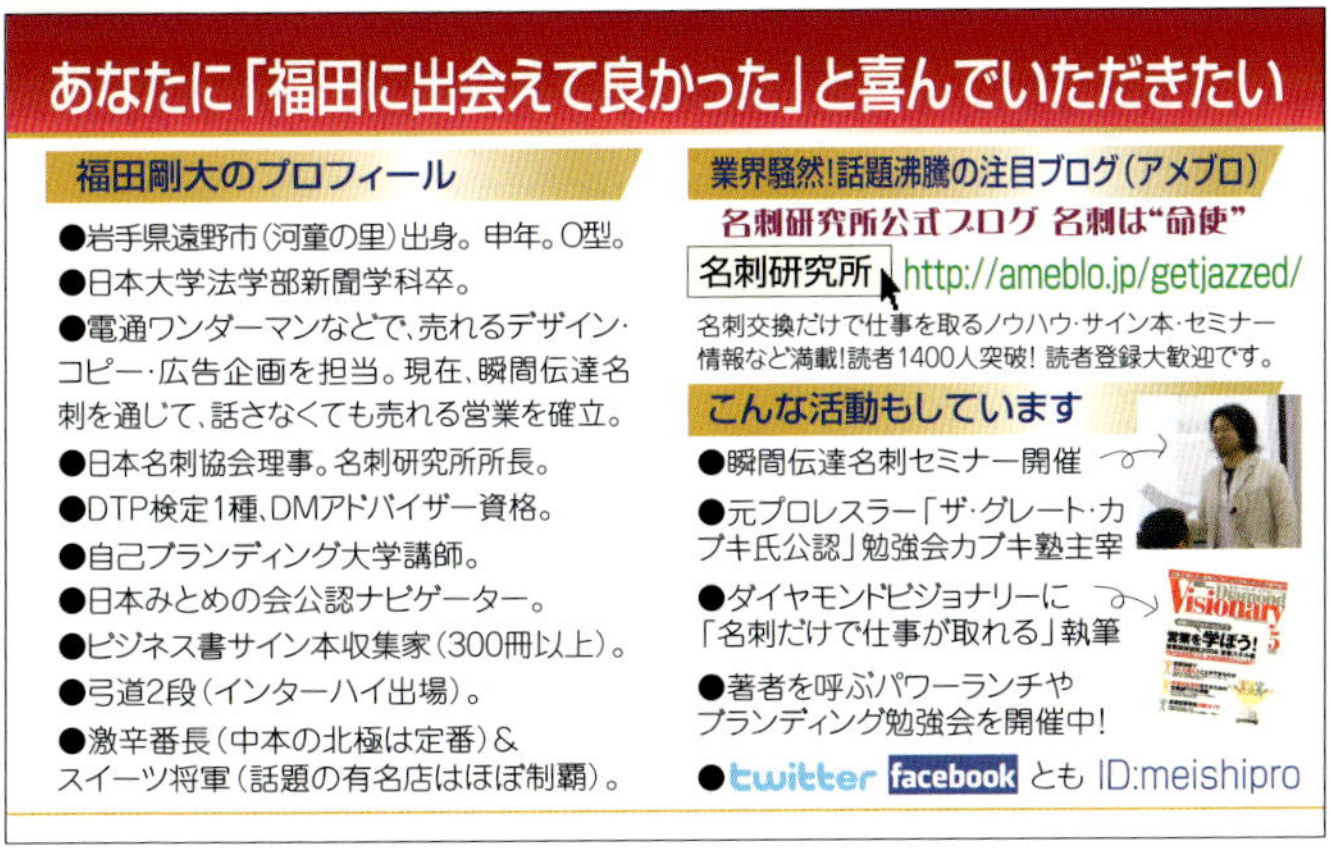

あなたに「福田に出会えて良かった」と喜んでいただきたい
福田剛大のプロフィール
●岩手県遠野市（河童の里）出身。申年。O型。
●日本大学法学部新聞学科卒。
●電通ワンダーマンなどで、売れるデザイン・コピー・広告企画を担当。現在、瞬間伝達名刺を通じて、話さなくても売れる営業を確立。
●日本名刺協会理事。名刺研究所所長。
●DTP検定1種、DMアドバイザー資格。
●自己ブランディング大学講師。
●日本みとめの会公認ナビゲーター。
●ビジネス書サイン本収集家（300冊以上）。
●弓道2段（インターハイ出場）。
●激辛番長（中本の北極は定番）＆スイーツ将軍（話題の有名店はほぼ制覇）。
業界騒然！話題沸騰の注目ブログ（アメブロ）
名刺研究所公式ブログ 名刺は“命使”
名刺研究所
http://ameblo.jp/getjazzed/
名刺交換だけで仕事を取るノウハウ・サイン本・セミナー情報など満載！読者1400人突破！ 読者登録大歓迎です。
こんな活動もしています
●瞬間伝達名刺セミナー開催
●元プロレスラー「ザ・グレート・カブキ氏公認」勉強会カブキ塾主宰
●ダイヤモンドビジョナリーに「名刺だけで仕事が取れる」執筆
Visionary
●著者を呼ぶパワーランチやブランディング勉強会を開催中！
●twitter facebook とも ID:meishipro

裏　面
表　面

中面左

名刺は“命使”

「自分の命をどのように使っていくか」が「使命」なんです

自分自身の使命を名刺で瞬間伝達すれば人生は輝きます

● 数年前、精神的ストレスのためコミュニケーションに悩み、休職・転職・病院通いの日々でした。そんなある日、子供の寝顔を見ていて「この子のためにかっこいい父親でいたい」という想いから復活し、自分が何のために生きているのかを伝えるツールとして、たどりついたのが「瞬間伝達名刺」です。今では、名刺交換24枚に1件、仕事が取れる高確率営業ツールとして、話ベタな営業マン、フリーランス業、士業、コンサルタント、保険代理店業など、自己ブランディングが必要な方々を強力にサポート。名刺交換だけで仕事がとれる世の中にするのが夢です!

24人に1人渡すだけで
仕事が取れる「絶対受注名刺」
（7月2日発売!）

中面右

名刺で仕事を取るには＝「自分の命の使い方」を伝えることです!

瞬間伝達名刺

にすると…

・競合プレゼンに勝った
・出版が決まった
・休眠客の掘り起こしができた
・その場で仕事が決まった
・名刺交換時の話題が広がった

名刺で、自分の使命を、本音で語れる人間関係を作ってしまうから成功するんです。

「瞬間伝達名刺」は、自分自身が広告であり、自分の生き様を伝えたい方にお役に立てます。各種コンサルタント・士業・コーチ・保険代理店・作家・起業家など実績多数。コンペに勝てる、人脈が広がる、出版が決まる名刺と評判です。

オーダーメイドで仕事の取れる名刺作成します

相手の記憶に残るキャッチコピー、相手の心が動くメッセージやプロフィール、あなたの個性を活かしたデザインを、最初から福田剛大本人が作成します。

無料特典 あなたの名刺を60分アドバイスします
メールやブログからお問合せください

3回出会った方には、解説付き食事会にお誘いします!
営業のカリスマ!木戸一敏さん・シゴタノ!大橋悦夫さんに評判のマップです。

事実、私は名刺だけで仕事を取っていますので、
結果は保証できます!

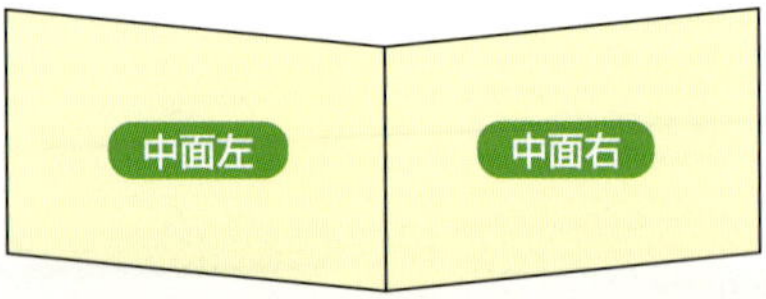

長男が3才の時に
描いた この
にがお絵が

（え：ふくだりょうた）

名刺だけで
仕事が取れる
ようになった原点です

仕事が取れる名刺の専門家
福田剛大

まえがき　「仕事が取れない名刺」は、名刺とはいわない

「名刺だけで仕事が取れる！」
信じられないかもしれませんが、これは事実です。

その原点が扉のイラスト、つまり左のイラストなのです。

これは、長男が3歳の時に描いた私の似顔絵です。

私は長男に2度救われました。

最初は、会社員時代に精神的にストレスを抱えて、死んだほうがましだと思っていた時

に、生後まもないこの子の顔を見て「このままじゃ、この子にとって格好良い父親ではない」と気づかせてくれたこと。次に、独立直後、私のことを覚えてもらうためにどうしたらいいのかといろいろ考えていた時に、「これパパの顔だよ」と似顔絵を描いてくれたことでした。

この似顔絵を名刺に利用した瞬間から、仕事が取れる名刺の専門家としての一歩を踏み出すことができたのです。

そして現在、仕事が取れる名刺の専門家として２００６年にデビューして以来、社長・士業《さむらい》を始め、たくさんの業種・業態の方の名刺作成のお手伝いをしてきました。

ネットで集客せずに名刺交換と口コミだけで、おかげさまで私の名刺コンサルティング業務は３ヵ月待ちの状態です。

３ヵ月待っても、わざわざ私に名刺を依頼していただけるには理由があります。

その理由とは、

「何のために、誰のためにこの仕事をしているのかがわかり」

「自分の魅力はどこにあるのかはっきりするから、自信が持て」

「自分の使命が明確になるので、仕事が舞い込んでくる」
からなのです。

名刺を作るのに何の関係があるの？　と、思いましたか。

これこそ、私の名刺が他の名刺と違うところです。

私の名刺は、名前や住所、趣味・特技といったパーソナルデータだけではなく、その人が**自分の経験を通じて得てきた、何者にも代えがたい自分の使命を盛り込むことが特長です。これがあるかないかが「絶対受注」できるかどうかの分岐点になります。**

営業関連本を始め、パーソナルブランディング、人脈術、仕事術など、最近のビジネス書を見ても、名刺の活用が大事だというページが増えてきました。
名刺の重要性が浸透してきたといえます。
しかし、今一歩踏み込めていないものが多いように思います。
なぜなら、自分の体験を通じて実証された「仕事が取れる」という観点で書かれているものがないからです。

本書では、「自分が何者で、何をしたいのかを真剣に考えているあなた」のために「仕事が取れる」という点だけをクローズアップし、名刺だけで「絶対受注」できることが理解でき、実践できるようにしています。

ところで、

「あなたは、今までに名刺から仕事につながった経験はありますか？」

機会があるたびに、私が出会った方にこの質問をしてみたのですが、仕事に直結したことがない方が9割以上でした。

「名刺って形式だからそんなもんだろ」
「名刺は連絡を取るもの」
「よっぽどすごい人とか、実績がある人じゃないと連絡もしない」
「名刺をもらっても、何を話していいかわからない」

このような意見がほとんどでした。

質問をしたのは、セミナーや交流会で知り合った方々です。
自分を高めたいという意識が非常に強く、名刺がビジネスにおいて大事だと思っている方々です。

あれ？　不思議ですよね。
ビジネス上では名刺って大事だと思っている意識はあるのに、日常の現場では名刺が機能している場面がほとんどないのです。この状況ってかなり変だと思いませんか？

この歪んだ状態を解消する名刺があれば、名刺交換が即ビジネスの場になり、ビジネスチャンスが格段に広がるのです。

まず、この本がお役に立てる方はどういう方かといいますと、それは、

いくら**名刺交換をしても契約が取れない社長・士業・師業・個人経営者の方です！**

そして、

・名刺から仕事を取ってみたい！
・うちの会社は柔軟だから、何でも効果があるものは取り入れたい！
・起業したばかりだから、自分を売る効果のある名刺を作りたい！
・資格を取ったけれど、同業者との違いを出したい！
・来店者のリピート集客を楽にしたい！

というあなたは大歓迎！

さらに、

・口下手だけどしっかり自分の気持ちを伝えられる！
・初対面の相手とすぐに意気投合できた！
・子供から手が離れた後の、社会復帰に不安だったが、スムーズにいった！
・同窓会や交流会で、仲間に印象づけられた！（合コンも！）
・何と目標や夢が達成できた！

といった効果も、名刺を工夫することで期待できます。

この本の中で伝えたいことは、**今まで私自身が仮説を立てて検証してきたこと、実際に相談を受けて解決してきたことだけで構成されています。**また、掲載している名刺の事例は、私の名刺に加え、**お客様から依頼を受けて作成した、結果を請け負ったものばかりで**す。

多少、世の中の常識という考え方から逸脱している箇所もあると思いますが、すべて事実を書いています。

私が名刺だけで仕事を取ってきていますので、結果は保障できます。

セールスの世界では「お客様に商品を買ってもらう前に、まず自分が売る商品を大好きになりなさい」と言われています。自分が気に入ってもいない商品を、たくさんのメリットを並べてどんなにすばらしいかを語ったとしても、全く相手の心には響かないのは理解できるでしょう。

手前味噌になりますが、「絶対受注名刺」は私自身が一番のヘビーユーザーであり、品質管理者でもあります。「私は名刺が大好きなんです。だから、あなたも名刺だけで仕事を絶対受注して欲しい！」という気持ちで日々名刺をつくっています。

名刺づくりでつまづく点は、すべて私があなたより先に経験しているので、この本に書かれている通りに安心して仕事が取れる名刺づくりをしてください。

私の夢は「名刺交換だけで仕事が取れる世の中にすること」です。このような状態になれば、営業のストレスから開放されるし、出会う人すべてが友人になります。その結果、確実に日本は元気になります！　そのために、名刺というツールを日々研究しています。

絶対受注名刺を作って、あなたも日本を元気にしていきましょう！

それでは、仕事の取れる名刺づくりのレッスンを始めます。

福田剛《たけ》大《ひろ》

24人に1人　渡すだけで仕事が取れる「絶対受注名刺」

【目次】

第4章　心をつかむ名刺アイディア編

仕事が取れる名刺には理由がある

使命を伝えることで仕事は取れる！

第5章 名刺は「命使」

第1章 渡すだけで仕事が取れる名刺は実在する！

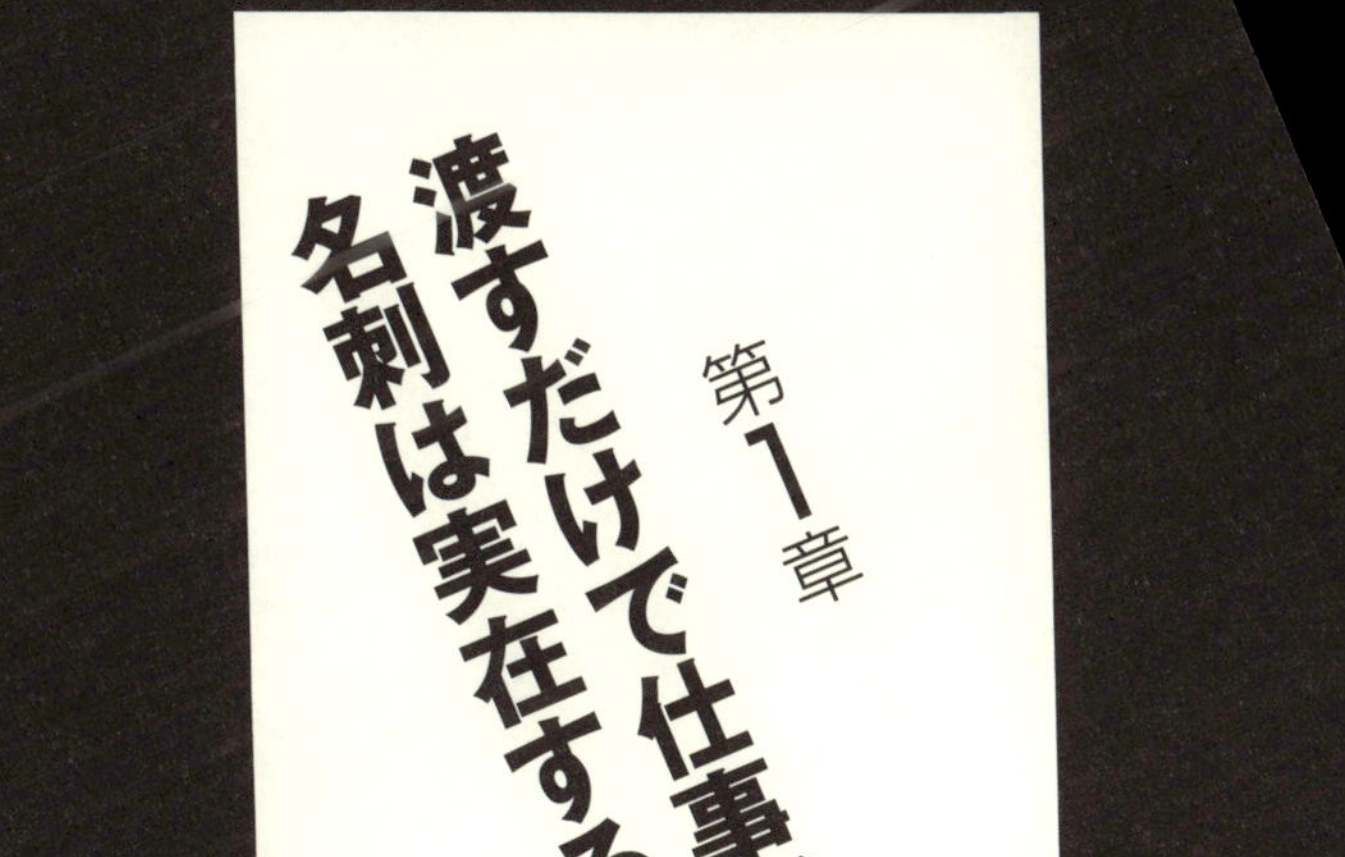

24枚に1件　仕事に結びつく名刺の効果

「名刺だけで仕事を取る」

これはまぎれもない事実なんです。

「笑わせるな！　そんなことありえない」

「名刺だけで仕事が取れるなんてナンセンス」

これは、誰しも思うことですし、否定もしません。実際に私が「名刺を作ることを生業にしたい」と家族や友人に言った瞬間に、寝言はちゃんと生活できてから言えと言われてきました。ところが、現在では、

「名刺で仕事を取りたいんです」

「どうしたら名刺で自分をアピールできますか？」

「名刺の専門家としてコメントいただきたい」

こんな相談や依頼が舞い込むようになりました。このような変化が出るまでやってきたことは、仕事が取れる名刺を追求してきたこと。ただそれだけです。

伝えたいことがたくさんあるので、もったいぶらないで、仕事が取れる名刺のフォーマット（22～23ページに掲載）を伝えます。

私がこの名刺にした途端に、

・**スピード新規獲得**：名刺交換でアポイントが取れる。その場で契約が決まる。
・**仕事の効率アップ**：自分のやりたい仕事がピンポイントでやってくる。
・**相手の記憶に残る**：半年後に、福田さんに振れる仕事ができたとメールがくる。
・**営業販路の拡大**：一緒に仕事をしたいというオファーが増えた。
・**話すネタに困らない**：時間を気にせずリラックスして話ができる。
・**相手に納得してもらえる**：自分の話をきちんと聞いてもらえる。
・**深い人脈構築**：同じ志を持つ人たちと知り合えるようになった。
・**自己ブランドの構築**：名刺の専門家として紹介をされることが格段に増えた。
・**自分の価値を広く伝える場の形成**：セミナー講師としてセミナーができた。

使命を伝える
キャッチフレーズ

何をしてるのかを伝える
会社のキャッチフレーズ

表面

印象の残る
写真・イラスト

ひと目で何者なのか
を伝える肩書き

連絡先を大きく

裏面

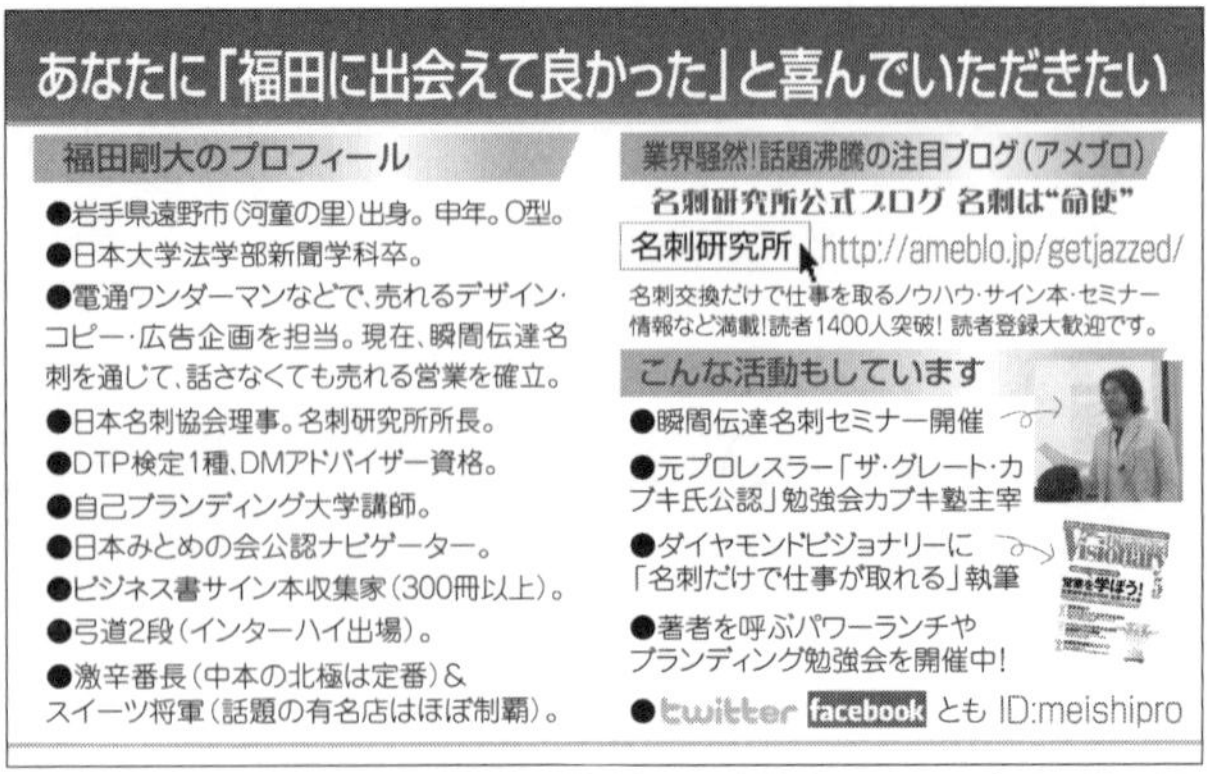

趣味や特技など共有できる点を盛り込む
ことで会話がはずむ

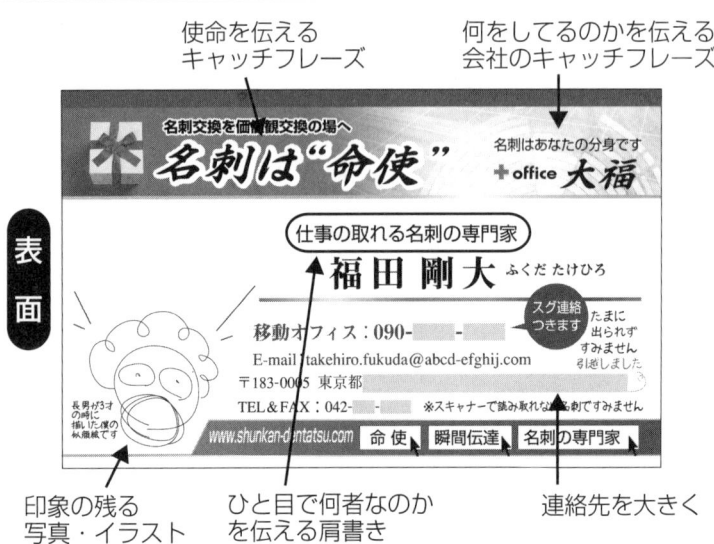

これが仕事が取れる名刺です！

業務内容は実践とともに書く

中面(右)

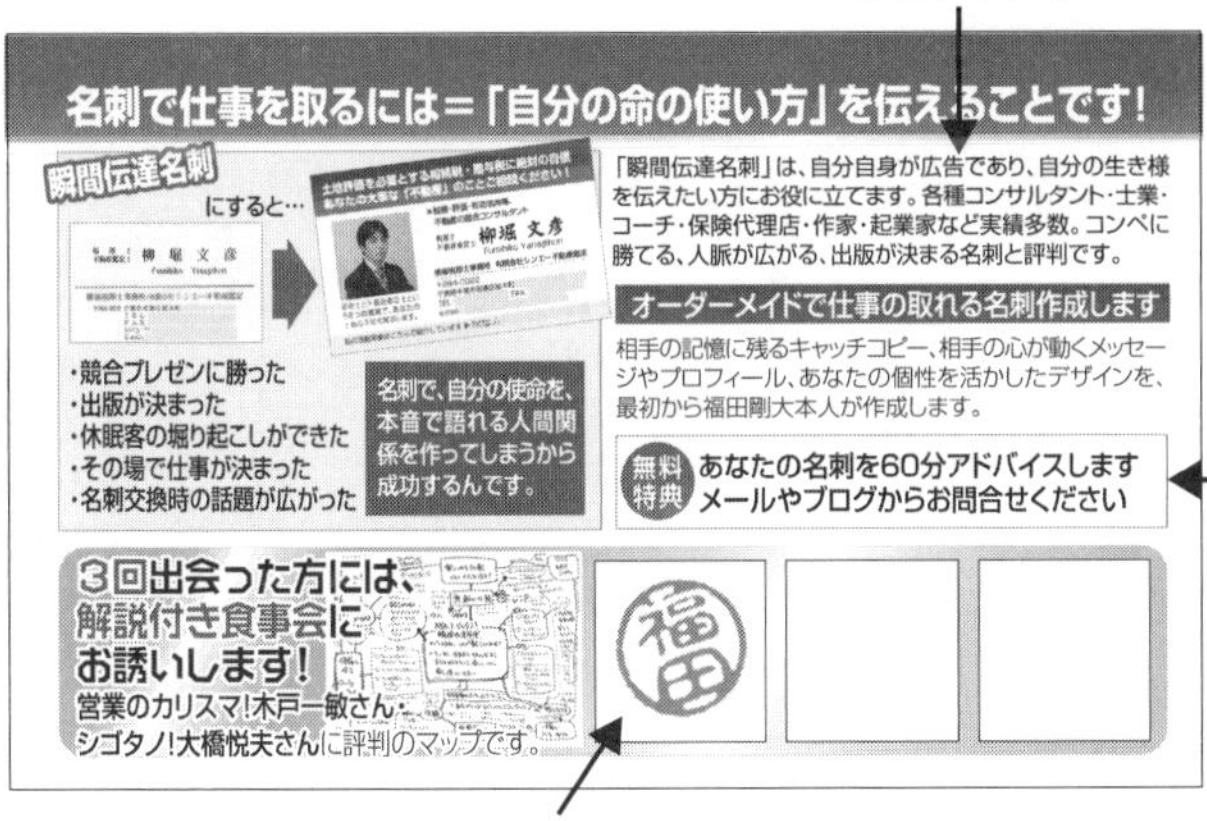

名刺で仕事を取るには＝「自分の命の使い方」を伝えることです！
瞬間伝達名刺
にすると…
・競合プレゼンに勝った
・出版が決まった
・休眠客の掘り起こしができた
・その場で仕事が決まった
・名刺交換時の話題が広がった
名刺で、自分の使命を、本音で語れる人間関係を作ってしまうから成功するんです。
「瞬間伝達名刺」は、自分自身が広告であり、自分の生き様を伝えたい方にお役に立てます。各種コンサルタント・士業・コーチ・保険代理店・作家・起業家など実績多数。コンペに勝てる、人脈が広がる、出版が決まる名刺と評判です。
オーダーメイドで仕事の取れる名刺作成します
相手の記憶に残るキャッチコピー、相手の心が動くメッセージやプロフィール、あなたの個性を活かしたデザインを、最初から福田剛大本人が作成します。
無料特典
あなたの名刺を60分アドバイスします
メールやブログからお問合せください
3回出会った方には、解説付き食事会にお誘いします！
営業のカリスマ！木戸一敏さん・シゴタノ！大橋悦夫さんに評判のマップです。
福田

捨てられない工夫

オファーで次回に会うステップをつくる

中面(左)

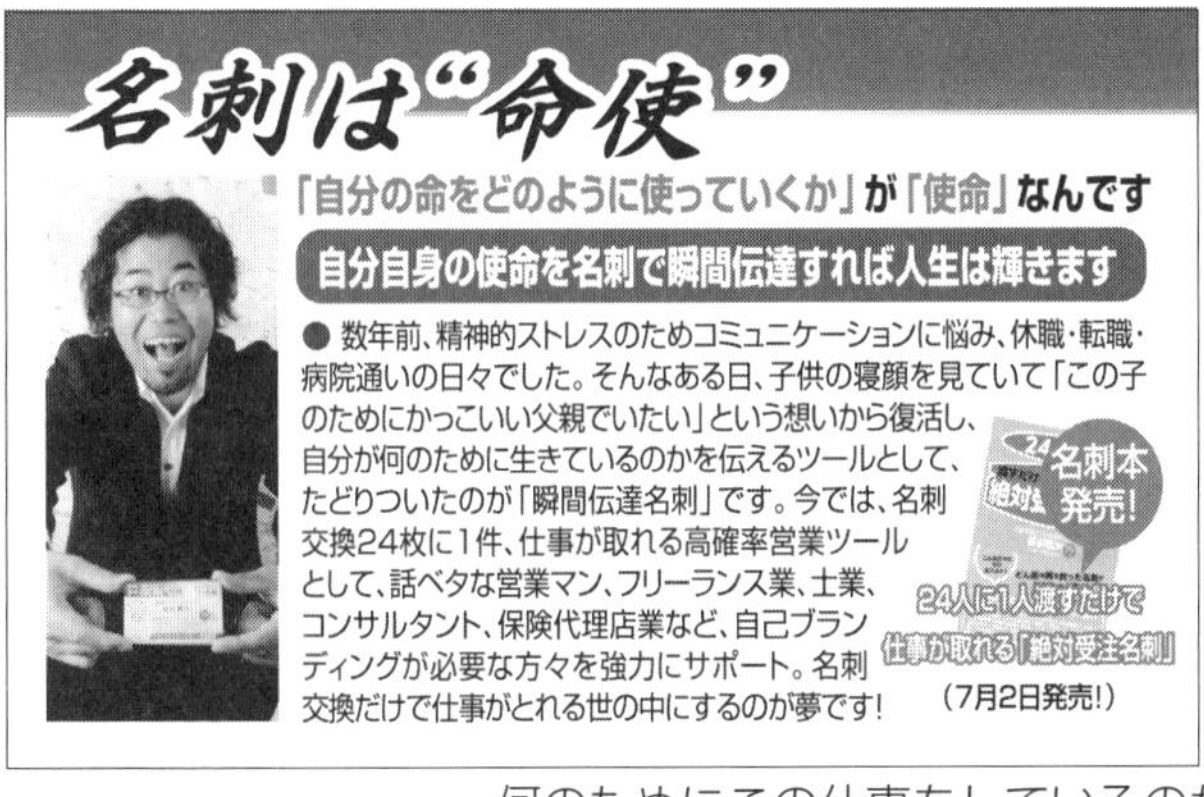

名刺は“命使”
「自分の命をどのように使っていくか」が「使命」なんです
自分自身の使命を名刺で瞬間伝達すれば人生は輝きます
● 数年前、精神的ストレスのためコミュニケーションに悩み、休職・転職・病院通いの日々でした。そんなある日、子供の寝顔を見ていて「この子のためにかっこいい父親でいたい」という想いから復活し、自分が何のために生きているのかを伝えるツールとして、たどりついたのが「瞬間伝達名刺」です。今では、名刺交換24枚に1件、仕事が取れる高確率営業ツールとして、話ベタな営業マン、フリーランス業、士業、コンサルタント、保険代理店業など、自己ブランディングが必要な方々を強力にサポート。名刺交換だけで仕事がとれる世の中にするのが夢です！
名刺本発売！
24人に1人渡すだけで
仕事が取れる「絶対受注名刺」
（7月2日発売！）

何のためにこの仕事をしているのかを伝える

・**共感の輪を増幅できる**：営業専門誌や有名ウェブサイトにコラムを掲載できた。
・**マスコミにとりあげられる**：新聞、雑誌、ラジオなどの取材。
・**ビジネス本に掲載**：『中山マコト著「仕事がどんどんやってくる目立つ技術」』『鳥居祐一著「スピードブランディング」』『出村邦彦著「だから儲かった手書きチラシ作成術　トラの巻」』『松橋良紀著「雑談のルール」』『關口勝生著「人脈術」』『谷田貝孝一著「儲ける仕組みを作る方法」』など多数。

などの効果を、実際に私が体感できました。

この**出版**も、このような実績がなければ実現しなかったのですから、名刺を工夫して本当によかったと思っています。

また、自分の力だけでは達成できなかったことを、コラボレーションという形でたくさんの協力を得て実現させてきました。

そして、自分一人では思いもつかなかったことへ、チャンスの場を広げています。

現在、私は**名刺交換でほぼ24枚に1件の割合で仕事に結びつく**精度を保つようになりました。まさに名刺が仕事に直結していると感じられる毎日を送っています。

そこまで名刺で仕事が取れる、と言えるのには理由があります。現在の受注方法は、名刺交換と紹介のみで、ホームページやメルマガなど他の媒体から名刺制作の依頼を受けることなく名刺制作の仕事をしているからなのです。（ブログはありますが、名刺制作の受注はしていません）

「名刺を工夫すれば名刺だけで仕事が取れる！」この言葉を言いたくて仕事をしています。

名刺で仕事を取るために必要なことはたった2つ。

心をつかむ「アイディア」と、**あなたの「使命」**です。

具体的な方法については後述するとして、どうして、私が名刺で仕事が取れると言い切れるのか話させてください。

名刺をつくるまでの間、今の名刺を効果的に演出する裏技コーナー〈パート1〉

香りで会話の突破口を広げる

先日、とある勉強会で名刺交換をしていたところ、いただいた名刺にふわっとバラの香りがついていたんです。

たまたま化粧品の香りがついたようですが、匂いは五感のうちで一番記憶に残ると言われていることを思い出し、これは使える！　と思い名刺＋香りの活用法を考えました。バラの香りは日本人が一番好きな香りナンバーワンです（資生堂調べ）。

さらに、「あなたの人生がバラ色になるようにこの香りをつけています」という言葉を添えて名刺を渡すと、相手がハッピーになれますよね。特に保険代理店の方にお薦めです。

また、バラ以外でもラベンダーなら「疲れている時には、落ち着きますよ」とか、言葉をひと言添えて名刺を渡すだけで、親密度が上がり強烈に印象付けることができます。

香りのつけ方ですが、名刺香（名刺用のお香）もしくは香水など紙にひと吹きさせて名刺入れに入れてください。

第2章

死にたい男を救った名刺

生まれてきた子供のために立ち上がろう

35歳の時、サラリーマンだった私は、転職した先で、制作部門の管理職として部署を拡大し、さらに家族が増えて未来への責任をヒシヒシと感じていました。そんな矢先、業績を向上させるために社内の評価体制が成果主義に変わり、お金を生み出さなければ評価されない方向に会社が変わっていったのです。

私の部門はスタッフとして扱われるために、「営業評価は受けられない。その中で社内での存在価値を示さなければいけない。部下のリストラなどを含めた人事評価をしなければいけない。自分自身のクリエイターとして今後の方向性を明確にしなければいけない。子供のためにがんばらないといけない……」と、今成功しなければ後がないという気持ちで一杯になりました。

ただ、体制が変わったからといって、すぐに自分の評価が下がるわけではないし、私は社内で一番制作ができる人間だから、私がいなくなったら会社は困ってしまうだろうという気持ちも持ち合わせていました。

しかし、そんな甘い考えはすぐに吹き飛びました。

営業以外の部門は経費部門といわれつづける毎日。連日のようなリストラの人事通達により、いつでも、誰でも会社から追い出されても不思議ではない日常になっていきました。そうなると、社員間での信頼とか絆みたいなものがほころびてくるのが目に見えてわかるために、表面的な付き合いをして、その場をやりすごそうと考えるようになりました。

そんな中で一番苦しかったのは、部下をリストラしなければいけない時でした。わざと自己都合退社にさせるために、精神的に追い込んだりしたこともあります。人の気持ちを考えることなど全くできず、保身に走ることで精一杯でした。

そのため、自分の気持ちを正当化するために、狂ったようにビジネス書を読み漁りました。マーケティングや会話術、マネジメント管理……などなど、知識を吸収してみましたが、根本的な解決にはなりませんでした。

転職も考えましたが、世の中にはデザインができる人なんてたくさんいるし、自分は賞も取っていない無名なクリエイター。ＤＴＰ検定Ⅰ種という資格はあるものの、年齢も高い方（35歳当時）なので、今さら若い人と同じ作業なんかできるわけがない。

だから、今以上に良い会社に転職できるわけなんかないと、自分の無能さを悔やんで、自分のことをダメ人間だと責めていったのです。

そんな状態からか、カラダに異変が出てきました。最初に出たのは、社内の重要な会議で意見を求められた時でした。ブルブルと唇が震え、話す最中にドモリが起こり「あれ、何か変だな？」と感じました。

しかし、その後決まって会議になると、震えやドモリが起こり、さらに手に大量の汗が吹き出し、体中に変な寒気がするなど、激しい緊張に悩まされるようになりました。

そして、そういった意図しない緊張が、ふだんの何気ない場面でも起こるようになったのです。簡単なミーティングでも意見を言えなくなり、プレゼンも怖くてできなくなりました。人との雑談もギクシャクしてきて、会社への恨み言や将来の不安ばかり考えるようになりました。

その挙句に、家に帰っても夫婦の間でちゃんとした会話ができなくなってしまい、むしろ、妻なのに何で俺の気持ちをわかってくれないんだと、だんだん心を閉ざすようになっていきました。

その時私は、こう思いました。

「俺は何のために生きているんだろうか、死んだほうがラクなんじゃないか！」

と。

朝起きて、電車に乗るのがつらい。会社にいても誰にも話しかけられたくない。すべて投げ出してどこかへ行って一人になりたい。目の前を見ているようで見えていない。聞いているようで聞こえていない。何もかもが閉ざされた感じでいっぱいでした。

そして、原因不明の頭痛や吐き気、パソコンの画面が見られないほどの眼精疲労や肩こりにより、仕事ができなくなっていきました。

その結果、体調不良で病院に通う日が増え、薬を飲んでだましだまし行っていた会社も早退しがちになりました。

そのような状態に、ドップリ浸かっていたある晩、夜鳴きで起きた子供を寝かしつけている時でした。子供の顔を見ていたら、ふと抱っこしている状態が頭の上から俯瞰して見えたのです。

それから、その映像がドンドン近くに移動し、抱えている子供の目線と重なりました。その目線はじっと私の顔を見ています。

子供と目が合った刹那、自分の頭の中に自分の顔が浮かんだのです。

まるで、頭の中がスパークした感覚で全身のモヤモヤが吹っ切れ、「オレは一生こんな生活を送るんだろうか」「毎日、薬を飲みながらの生活は不自然ではないのか？」と初めて自分のことを考えられたのです。混沌としていた気持ちの中で、この子にとって「格好良い父親でいたい」という想いが芽生え、希望を与えてくれたのです。

そして、ゆっくりでもいいから「自分を生かせる場所を探そう」「人と小学生の時のように笑顔で会話をしたい」と考え、人前できちんと言葉を伝えられるように、心理学を応用した話し方教室に通いました。（セルフコンフィデンスという「心臓がドキドキせずあがらずに話せる本」の著者である新田祥子さんの教室です）

半年に3000人と名刺交換するも成果ゼロ

その教室は10人程度の少人数でしたが、人数に関係なく人前に出ることを考えただけで、心臓がバクバクし、手にはハンカチがしぼれるくらいの大量の汗。唇の震えや、体中に変な寒気が当然のようにしました。

しかし、そのような状態を自分で判断して、この前よりも、どの程度好転しているかを感じ、自己評価を上げることで、2ヵ月でそのような症状は消えてなくなりました。

その改善に有効だったのは「自分は○○だから△△しなければいけない」という、絶対的思考パターンと呼ばれる「思い込み」を追い払ったことです。

「自分は責任者だから必ず部署を大きくしなければいけない」
「管理職だから部下をきちんと指導しなければいけない」
「自分はクリエイターだから斬新なアイディアを絶対提案しなければいけない」

「妻だから、黙っていても夫のことをわかってくれる」

こういった思い込みを捨てたことで、「ありのままの自分でいいんだ」という意識を手に入れたのです。

それに気づかせてもらったのは「福田さんのことダメ人間って誰に言われたの？」というひと言でした。

私「誰ってみんな言ってますよ」（何でそんなおかしなことを聞くんだろう？）
新田さん「みんなって誰？」
私「みんなってみんなですよ」（何かイライラするな）
新田さん「具体的な人の名前は？」
私「えっ？」（そう言われても名前が出てこない）

このように「自分は○○だから△△しなければいけない」といった思考は、自分自身でつくり出した障壁にすぎません。

誰からもそうしろとひと言も言われていないのに、自分で勝手に思い込んだものです。

その思い込みがなくなることで、ようやく自分を出せるようになっていきました。その結果、転職の面接もある程度自信をもって対応できるようになりました。（面接時も汗が止まりませんでしたが、一生懸命話している印象だったようです）

最近では、福田さんの話は「面白くてわかりやすい」「安心して相談できる」とお客様から感謝されるようになりました。このような温かい言葉は非常に私を勇気づけてくれます。

このように人と話すことができない状態があったからこそ、人と出会うことのすばらしさを日々体感しています。相手との距離が縮まり、楽しい話ができる機会が増えるほど、人生が豊かになるんだと思うようになりました。

それこそ、カラダの中の押さえつけられていたコミュニケーションしたいというマグマがワーッと噴出したかのように、たくさんの人と出会うために、セミナーや異業種交流会、ビジネスコミュニティなどに通いだしました。

通ってみると、見るもの聞くもの新鮮で楽しい気持ちになり、名刺交換をして自分を知ってもらえるだけで十分満足を感じていきました。

こうした、人に会って話すためのリハビリ期間を設定したおかげで、だんだんと人との距離感を取り戻すことができるようになりました。

今日は1人の人と3分話せたとか、趣味まで話せたとか、日々話す時間と内容が深くなっていくことを実感できるのが嬉しかったのです。妻とも、セミナーで得た知識や出会った人について話すようになり、結婚した当初より自分の想いを伝えられるようになりました。

しかし、いろいろな方々と名刺交換ができるようになっても、今一歩グッと踏み込んだ間柄や、仕事につながることはありませんでした。

そして、半年の間に３０００回も名刺交換をしても、会社宛に電話がかかってくることは1回もなかったのです。

「何だ、名刺じゃ深く人とコミュニケーションが取れない……」

人と話せるようになろうと始めた名刺交換でしたが、名刺交換ができて自信が生まれたため、もっと何かしらの反応が欲しい、もっと自分を知ってもらいたい気持ちが強くなっていきました。

そこで、私は考えました。初対面でも一気に距離を縮められ、生涯の友人にめぐり合えるような方法はないのかと。

名刺を絶滅させよう！

そんな時1冊の本に出会いました。その本の中のパーソナルパンフレットという章には「名刺を絶滅の危機にさらす」という見出しとともに利用方法が書かれていました。アメリカではビジネスで抜群に成果を出しているツールでもあると。

当時の私には「名刺を絶滅の危機にさらす」というこの一文は刺激的で魅力的でした。交流会やセミナーではパーソナルパンフレットを使って自己紹介を行っている人も見かけたこともなく、これが成功すれば「自分の事業の柱ができる！」と思いさっそく実践してみました。

パーソナルパンフレットの大きさはA4サイズで作成。自分のプロフィールや実績をぎっしり書きました。最初は1枚でしたが、いろいろな反応が欲しくて、1ヵ月後には、改良に改良を重ねて自分の作品を合体させて、50ページもの分厚い資料になっていました。

そして、名刺交換のたびに名刺ではなく、自分のプレゼン資料を渡していったのです。

名刺交換なのに、名刺を出さずに分厚いプレゼン資料を渡す人間は珍しいのか、驚いた顔をして受け取ってもらえました。ただ、興味を持ってもらえるものの、大多数には怪《け》訝《げん》な顔をされて、自分が思い描いたような絶賛の嵐！　といった反応ではないのです。

その顔を見て思ったことは、「カラーじゃないからかな？」「きちんと製本された印刷物じゃないからかな」と、体裁のことばかりが気になりました。

そこで、思い切って優しくて話しやすい方を選んで感想を聞いてみました。

すると、「大きくて後で整理できない」「ちょっとこういったものは引いてしまう」「売り込まれてしまうのでは」というネガティブな反応だったのです。

自分のことを知って欲しいという思惑とは真逆の反応です。

私のツール活用の目的は、初対面でも一気に距離を縮められ、生涯の友人にめぐり合えるような方法を見つけ出すことでした。

それなのに、自分で逆効果な印象を相手に与えていたのです。

このことから、パーソナルパンフレットという体裁そのものが日本の商習慣に合っていないことがわかったのです。（今ではこの経験を踏まえて機能させることはできますが、当時は時代がまだまだ早すぎたと思います）

「今までオレ何をやっていたんだ……」と目が泳いでいたのか、私の落ち込みを察してか、

「体裁は嫌だけど、読んでみたら中身は面白いよね」と、その方がポツリとつぶやいてくれました。

家に帰って「明日から何をして自分をアピールすればいいんだ…」と何度も今日のことを反芻《はんすう》しているうちに、「中身は面白い」と言われたことを思い出しました。

それだけが頼りで、パーソナルパンフレットに書いていた内容を、日本に合った形で、しかも初対面で話下手な人でもスムーズにできる方法はないか必死で考えました。

それが、名刺だったのです。

はい！　名刺です。名刺を絶滅の危機に追いやろうとした結果、出た結論が名刺です。分厚い資料の内容を名刺大に集約し、わかりやすくしたところ、これが大ウケしたのです。

すべては話下手の人のために

名刺を全滅させようと息巻いていた人間でしたから、この経験から名刺の大切さを骨の髄まで学ぶことができました。

名刺とは、初対面の方にスッと渡すことができ、受け取る相手も何の抵抗もなく受け取ってもらえる唯一のツールだという点です。

そして、名刺こそが日本の商習慣にきちんと根付いている、最良のビジネスツールだったのです。

このような実践を経て、名刺だけで仕事が取れるよう改良を重ねてきました。

私の夢は「以前の私のような話下手な人でも、一瞬で相手の心をつかんでしまうツールを利用することで、初対面でポンポン仕事が取れるお手伝いをすること」です。

そして、「名刺を通じてお互いをわかりあえることで、仕事のみならず何でも語り合え

る人間関係を構築できれば、明るい日本になる」と思っています。

それに気づいたおかげで、名刺づくりで培ったノウハウを体系化し、仕事が取れる名刺づくりセミナーや研修活動、ビジネス誌への執筆活動などを行うようになりました。

そして、このように出版でき、たくさんの話下手で苦しんでいる方のためにお役に立てる機会にも恵まれました。

だから、あなたにも名刺を活用することで、人生が好転することを知って欲しいと思っています。

ただ、これって福田だからできたと思いますか？

自分だけがうまくいったとしても、誰でも通じるものでなければ使えない方法論です。

次の章では、私が名刺を作成したことで、人生を大きく変えた方の実例を見てください。

名刺をつくるまでの間、今の名刺を効果的に演出する裏技コーナー〈パート2〉

名刺入れを工夫すると会話がぐんと広がる

一般的に言われている良い名刺入れとは、「質の良いものを持つ」こと。しかし、質の良い名刺入れはエグゼクティブの印象を相手に与えますが、会話の視点からは意味をなしません。

そこで、男性には、あえて女性モノの名刺入れを持って名刺交換をして欲しいのです。男性が持ってもそれほど違和感のないものがベストです。ライバルが黒や茶の皮の名刺入れの中で、デザインや色が違う名刺入れを持っていると、それだけで目立つことができます。

女性は小物に視線がいくので、センスの良いものを持っているだけで好感度が増して、名刺を渡す前に会話のきっかけをつかめます。

最近では手品ができるものや、オーダーメイドの名刺入れなどがあるので、自分のキャラに合わせて工夫してみてください。

第3章
名刺で人生を変えた 7つの実例

それでは、どんな名刺が仕事を取ってくるのか興味が沸いてきた頃だと思います。
頭の中のイメージと擦り合わせて実例をご覧ください。

実例1　名刺を変えて1ヵ月で出版　コンサルタント▼坂田篤史さん

私以外の名刺を初めて作成した方が、じつは「28歳までに他社にスカウトされる人脈術」で知られるサラリーマン著者の坂田篤史さんなのです。

坂田さんとは、とある交流会で知り合いました。その時の坂田さんは**「会社の名刺で交流会に出ても意味がない。会社の名前ではなく、自分のことをアピールできる名刺で、これから人脈を増やしていきたい」**と、今後のご自身のキャリアメイクのために名刺を活用していこうと考えていました。そのようなタイミングで、私と名刺交換したので名刺をどう活用していけばいいのか、話は早かったのです。

坂田さんの名刺活用の悩み

会社名ではなく、自分の名前で人脈構築をしたい。自分の情報発信のためのブログに誘導したい。

“突き抜けたい方” をプロデュースします！

経営資産を最大限活かす武器「レバレッジマーケティング」を駆使して、日本全国の会計事務所の経営支援をしています。

経営コンサルタント
レバレッジマーケティングセミナー講師

坂田 篤史
Atsushi Sakata

移動オフィス：
e-mail：

すぐに連絡がつきます

〒150-0013
東京都渋谷区恵比寿
TEL：　FAX：

最新情報はコチラ http://blog.livedoor.jp/el_blanco/

記念すべき名刺制作第一号の坂田さんの名刺表面

人脈No.1コンサルタントを目指して日々奮闘中！

坂田篤史のプロフィール

- 福岡県出身（生粋の九州男児 ）
- 趣味：フットサル・ツーリング・読書・釣り
- 大手機械メーカーでグローバルな視点での経営戦略を学ぶ。その後アックスコンサルティングに参画。翌年、最優秀新人賞受賞。
経営コンサルタントとして全国の会計事務所の経営支援に携わる。また、人脈コーディネーターとして、ビジネスパーソンのキャリアアップとビジネスマッチングを手掛けている。
- ワンストップクラブ（経営者の会）主催者
- 「突き抜けろ!の会」レギュラー出演
- 「泡盛の会」渋谷支部会長
- 1日1冊ビジネス書を読破

話題沸騰の注目ブログ

『華麗なる経営コンサルへの道』
http://blog.livedoor.jp/el_blanco/

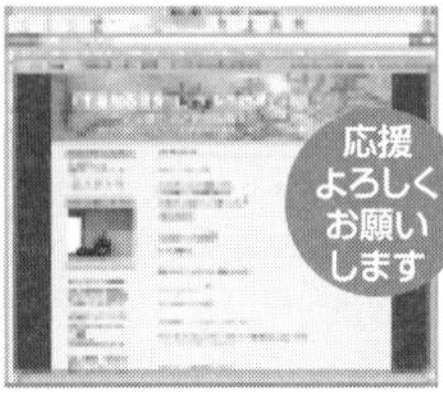
応援よろしくお願いします

人気blogRanking

全国を舞台に活躍する、若手コンサルタントが「ノンキャリアの星」になるまでの奮闘日記。

- お気軽にコメントください。
- リンクもドンドン張ってください。

坂田さんの名刺裏面・この名刺で自著の出版を達成

名刺を変更した効果

私自身も予期していなかったのですが、名刺を納品して3週間後「D社から出版が決まりました」と、坂田さんから報告がありました。出版を決めたのは坂田さんの実力なのですが**「編集者にプレゼンができるきっかけはこの名刺でした」**と言われた時は、自分が出版できたようにうれしかったです。また、今でこそ「ロジカルブランディング」という旗で、サラリーマンでありながら自分のブランディングを確立されていますが、当時は自分のキャラが地味なので、人と違う名刺を活用することで、相手に覚えてもらえるようになりました、と喜んでいただけました。

制作ポイント

提供できるスキルを伝え、ブログで読める流れをつくりました。プロフィールを充実させることで、名刺交換の際に話題に困らなくなりました。写真はコンサルタントだとひと目でわかるように、講演中のものを使用することでリアルさを伝えました。

実例2　休眠客の掘り起こしができた　税理士▼柳堀文彦さん

柳堀さんの名刺活用の悩み

不動産の仕事を増やしていきたいが、どうもお客様に不動産

土地評価を必要とする相続税・贈与税に絶対の自信
あなたの大事な「不動産」のことご相談ください！

税理士と不動産鑑定士という2つの資格で、あなたの土地の不安を解消します。

■税務・評価・有効活用等、
不動産の総合コンサルタント

税理士
不動産鑑定士　**柳堀 文彦**
Fumihiko Yanagihori

柳堀税理士事務所　有限会社シンエー不動産鑑定

〒264-0022
千葉県千葉市
TEL：　FAX：
e-mail：y.ta-rea.office@tbn.t-com.ne.jp

私の活動実績はこちらで紹介しています ▶ http://www.yta-srea.com/

自分のやりたい仕事内容をはっきりと明記する

モットーは安心・納得・誠実

あなたの土地・税金に対する不安を解消します。

■柳堀文彦のプロフィール

●17才の時に税理士という資格があることを知りました。税理士試験には科目別合格という特有の制度があり、これなら一年一科目ずつ合格していけば資格が取れそうだし、何よりコツコツ努力をしていく自分の性格に合っていると思いました。その過程で、不動産鑑定士も合わせて取得。プロとしての自覚が持て、自分の裁量で仕事が出来る税理士は最高の職業だと思い、この仕事を一生していこうと思っています。

●土地評価をテーマに税理士会各支部の研修会や有志の勉強会にて講師を行っています。

●鯉釣り（1mを超える鯉を釣るため奮闘中）

●神輿担ぎ（銚子地方をメインに）

税務関連業務

税務業務
□法人・個人事業主向けの業務
□資産の譲渡に関する業務
□相続・贈与に関する業務
□税務調査の立会い

会計業務
□記帳代行・記帳指導
□会計ソフトの導入支援
□巡回監査　□決算

不動産鑑定業務

不動産鑑定業務
□不動産の価格に関する評価
□不動産の賃料に関する評価

不動産コンサルティング
□土地の有効活用
□土地の収益性判断
□建物の有効利用
□相続税・贈与税の申告における土地の財産評価に関する相談

誠実な人柄をプロフィールでアピール

の仕事ができることが伝わらない。

名刺を変更した効果 新しくした名刺を持って既存のお客様に再度訪問することを勧めました。その結果、既存のお客様でも税理士ということだけにとらわれていたことがわかり、「あなた、不動産の仕事もできるの⁉」と**顧客のニーズの掘り起こしに成功**。

制作ポイント 税理士の資格に加えて不動産鑑定士の資格を持つ柳堀さんは、日本でも数少ない資格の持ち主です。

しかし、資格名だけを書いていても、自分が得意なことや、やりたいことを伝えていなかったために、やっている仕事とやりたい仕事のギャップに悩んでいました。

そこで、単刀直入にアピールすることにして、「自分ができることは不動産鑑定だ」と書いただけで、お客様にも「お金と土地がわかる税理士さん」ということで喜ばれるようになりました。

実例3 口コミツールとして名刺が一人歩き 税理士法人▼ウィズさん

ウィズさんの名刺活用の悩み

お客様のところに訪問するも、最初のきっかけづくりがむずかしい。また、仕事を紹介される流れをつくりたい。

名刺を変更した効果

顧問先の社長さんが「この名刺は人に話したくなる」と言ってくれて、名刺を顧問先に置いていいことに。商談ルームにウィズさんの名刺が置かれているために、必然的に**売り込まずに売れる流れ**ができました。

制作ポイント

相手先に1名で訪問するよりは、複数名で訪問する機会が多いと聞き、デザインは統一しつつも、各人の得意なものや、夢などそれぞれカスタマイズすることで個人としても実績をアピール。裏面の表記をそれぞれ変えることで、人数分の内容で提案することを可能にしました。（50、51ページ参照）

「会社の経営状態の過去・現在・未来がひと目でわかる」
「今しなければならない経営判断ができる」と評判です

自分が社長だったら「自分に依頼したくなるような税理士」であることを常に意識して仕事をしています。

継続的な黒字経営の総合コンサルタント

税理士　**橋本 秀明**
Hideaki Hashimoto

税理士法人ウィズ　WITH

〒103-0013
東京都
TEL：　FAX：
e-mail：**hashimoto@z-with.or.jp**

お客様に喜ばれている業務内容はコチラ ▶ **http://www.z-with.or.jp**

「税理士法人ウィズ」として、デザインレイアウトは会社的に共有することで統一感を出している

継続的な黒字経営を実現するために
中小企業こそ『経営計画』が必要です
月次報告書・決算カウンセリング・経営計画策定サービス
※現在契約されている会計事務所がある場合でも、
ウィズのサービスを受けることができます。

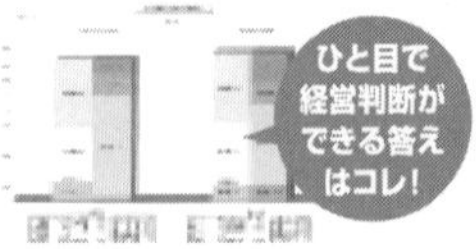
ひと目で
経営判断が
できる答え
はコレ!

うれしい お客様の 声

- 若くてフットワークが軽い。定期的に訪問をしてもらえる
- 税務・経理相談は気軽に受けてもらえる
- 親身になって経営の舵取りについての話を聞いてくれ、サポートしてもらえる
- 特に決算書類の作成時に的確なアドバイスを受けられ、銀行提出の参考になる

「比較的若くて、よく相談にのってくれて、事務所にも定期的に来ていただける先生をご紹介ほしい」と依頼をして、地元信用金庫の弊社担当者様に紹介いただいたのが橋本先生でした。　株式会社ファーマント　遠山様

単なる税務相談や処理だけでなく、コンサルタントに近い発想で一緒に考えてくれます。特に私のような未熟で経験の少ない経営者にとっては最高のパートナーだと思います。
株式会社シェルパ　松下様

「税理士法人ウィズ通信」配信中 http://www.m-impact.com/mail/fan/zwith

「会社の経営状態の過去・現在・未来がひと目でわかる」
「今しなければならない経営判断ができる」と評判です

私が関与したお客様が、すべて業績改善するよう願っています。また、その一助を担っていきたい。

税務会計の総合コンサルタント

税理士 **田島 年男**
Toshio Tajima

税理士法人ウィズ　WITH

〒103-0013
東京都[redacted]
TEL：[redacted] FAX：[redacted]
e-mail：tajima@z-with.or.jp

お客様に喜ばれている業務内容はコチラ ▶ http://www.z-with.or.jp

「税理士法人ウィズ」では、各人が得意な内容を掲載することで、専門家集団として機能させることができる

社長が経営上の意思決定をするために
ひと目でわかる『財務諸表』が必要です

月次報告書・決算カウンセリング・経営計画策定サービス

※現在契約されている会計事務所がある場合でも、
　ウィズのサービスを受けることができます。

ひと目で
経営判断が
できる答え
はコレ!

うれしいお客様の声

- 若くてフットワークが軽い。定期的に訪問をしてもらえる
- 税務・経理相談は気軽に受けてもらえる
- 親身になって経営の舵取りについての話を聞いてくれ、サポートしてもらえる
- 特に決算書類の作成時に的確なアドバイスを受けられ、銀行提出の参考になる

田島先生は、レスポンスが早くとても気さくな方。月次報告書は、細かい数字などが一目で理解できるように工夫されていたり、参考になるアドバイスもたくさん掲載してもらっています。　株式会社日立美研　高橋様

経理の基本から教えていただき、トンチンカンな質問に対しても非常に丁寧でわかりやすく、分析帳票類も経営判断をするのに役に立つ内容で提供していただけるので、本当に感謝しております。　大桂グループ　村田様

「税理士法人ウィズ通信」配信中 http://www.m-impact.com/mail/fan/zwith

実例4　30秒の名刺交換で50万円受注
ジュエリービジネスプロデューサー▼佐藤善久さん

佐藤さんの名刺活用の悩み

新しいビジネスモデル普及用の、アピールツールを考えていた。

名刺を変更した効果

セミナー参加者と名刺交換して30秒程度話をしただけで、翌日電話がかかってきて、**50万円のコンサルティングを受注**する。

制作ポイント

佐藤さんからいただいた写真は笑顔ではなく、キツ目の印象を与えるものでした。そして、新規ビジネスも、副収入としてお金が得られるものなのでダークなイメージになりがちなところを「私が実際に経験し、売上に直結した成果だけを、あなたに伝授します」と真剣だからこそ笑顔を消している印象を前面に出して逆手に取りました。

さらに、デジタルジュエリー協会も発足させ、新規事業と協会の名刺を使い分けることで、ジュエリービジネスの貴公子としてのブランドを浸透させています。

また佐藤さんは、会合などで席につくと自分の前に名刺を立てて即席のネームプレートとして名刺を活用し、自分をアピールすることにも長けています。

異業種からのジュエリービジネス参入を支援します

◆創業1971年

株式会社ビジュー・サトウ

地金買取のウラのウラまで知り尽くした

ジュエリービジネスプロデューサー

代表取締役　佐藤 善久

Yoshihisa Sato

私が実際に経験し、売上に直結した成果だけを、あなたに伝授します。

直接コンタクトがとれます　E-mail:zen@djf.co.jp

〒170-0005　東京都豊島区

TEL：　　FAX：

最新の「地金ビジネスの極意」がわかります ▶ http://www.djf.co.jp

「異業種からの～」のキャッチコピーがお客様のニーズに合い、その場で受注が決まる

佐藤 善久（さとうよしひさ）のプロフィール

デジタルを駆使した、次世代ジュエリービジネスの先駆者

3次元CADでデザインした光造形を使ったオーダーリフォーム技術が注目され、新聞・雑誌・書籍・TVの取材が殺到。大手宝飾メーカー・東証一部上場企業との取引を開始する。また、インターネットビジネスを早期に取り入れ、楽天市場の人気ジュエリーショップとなり、デジタルを駆使したジュエリー販売の先駆者としての地位を確立。そして、デザインした作品が（社）日本ジュエリー協会主催「ジュエリーデザインアワード2006」第3部門に入選。大手タレントモデル事務所（株）オスカープロモーションが展開する「STA★COLLE」で、唯一のジュエリー指定販売代理店に指名される。

1964年生まれ　東京都豊島区出身　法政大学経営学部卒業

好きな物／リッツカールトンのラウンジで飲むコーヒーは最高、ざるそば、

80's（ジェームス・テイラー、イーグルス、カーペンターズ、レッド・ツェッペリン）

ジュエリービジネスに特化した実績を端的に伝えるプロフィール

実例5　競合コンペの決め手は名刺だった　行政書士▼關口勝生さん

次に裏表合わせて4面となるタイプの事例を紹介します。

異業種から資格を取って、行政書士として活躍されている關口勝生さん。

關口さんが行政書士として独立したのは2007年のこと。

それまではサラリーマンをしていたために、経験も人脈もゼロの状態からのスタートでした。そのため、ビジネス書やセミナーで勉強した結果、人脈をつくることが仕事を軌道に乗せるために必要不可欠なものだと結論づけました。

人脈をつくるためには、しなければいけないこと……それは、自分自身を相手に知ってもらうこと。そのために、ツールで自分をアピールしようと思い立ちます。

關口さんの名刺活用の悩み

行政書士と聞いた相手に、他社と何が違うのか説明するところまでいかない。通常の行政書士の仕事は会社設立前の書類作成であったり、設立のサポートで業務は終わってしまうのだが、關口さんの場合、会社設立後の書類や営業サポートなどもフォローする「日本一手厚い行政書士」として活動していることを訴求したかった。

表面

起業に必要な、たった一つの大切なこと
それは－ステージに合わせた伴走者です
日本一手厚いフォローを目指す！
行政書士
所　長
關口 勝生
Katsuo Sekiguchi
關口行政書士事務所
〒173-0004 東京都[redacted]
TEL：03-[redacted] 0120-[redacted]
FAX：03-[redacted]
移動オフィス：090-[redacted]-[redacted]
メール:mail@sekiguchikatsuo.com
むずかしい名字ですが
やわらか頭で、仕事は丁寧。
ちょっと困っていること
ご相談ください。

肖像写真家のタツ・オザワ氏の写真で相手をグッと惹きつける

中面

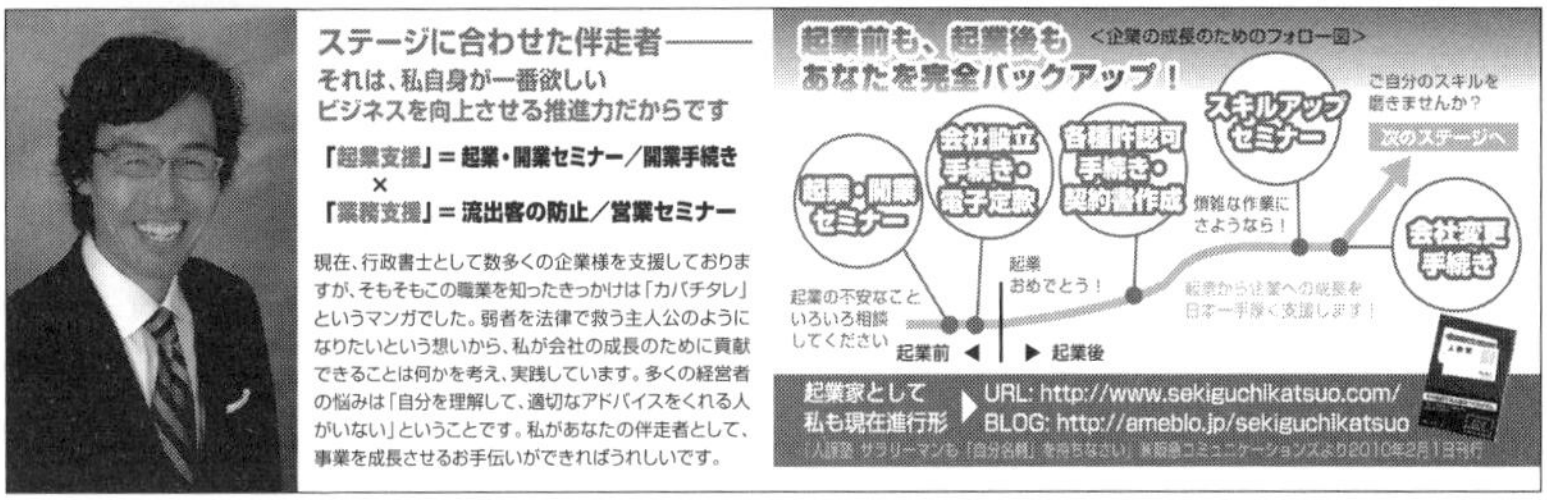
ステージに合わせた伴走者――
それは、私自身が一番欲しい
ビジネスを向上させる推進力だからです
「起業支援」＝起業・開業セミナー／開業手続き
×
「業務支援」＝流出客の防止／営業セミナー
現在、行政書士として数多くの企業様を支援しておりますが、そもそもこの職業を知ったきっかけは「カバチタレ」というマンガでした。弱者を法律で救う主人公のようになりたいという想いから、私が会社の成長のために貢献できることは何かを考え、実践しています。多くの経営者の悩みは「自分を理解して、適切なアドバイスをくれる人がいない」ということです。私があなたの伴走者として、事業を成長させるお手伝いができればうれしいです。
起業前も、起業後も
あなたを完全バックアップ！
<企業の成長のためのフォロー図>
起業・開業セミナー
会社設立手続き・電子定款
各種許認可手続き・契約書作成
スキルアップセミナー
会社変更手続き
起業の不安なこといろいろ相談してください
起業おめでとう！
煩雑な作業にさようなら！
起業から企業への成長を日本一手厚く支援します！
ご自分のスキルを磨きませんか？
次のステージへ
起業前
起業後
起業家として
私も現在進行形
URL: http://www.sekiguchikatsuo.com/
BLOG: http://ameblo.jp/sekiguchikatsuo

ビジュアル化することで業務内容をわかりやすく訴求

裏面

關口行政書士事務所所長　關口勝生
1972年　東京都北区生まれ。
中央大学経済学部卒業後、株式会社日本リース（現GEフィナンシャルサービス株式会社）に入社。サラリーマン生活になじめずわずか1年半で退職し、1年間タイで無職生活をおくる。帰国後、大手ユニフォームメーカーに就職。営業職を経て、情報システム、生産部門の仕事に従事。会社勤めの傍ら、独学で行政書士の資格を取得。2007年10月に経験も人脈もゼロの状態で独立。名刺やブログといったツールを利用することで、驚異的なスピードで莫大な人脈を構築し、事務所経営を軌道に乗せる。現在は会社設立を中心に各種事業のサポートを行うとともに、行政書士・士業・コンサルタント・起業家向けのセミナーを定期的に開催。自身の経験を活かしたアドバイス、講義は高い評価を得ている。
●趣味はバーテンダーと仲良くなること。サラリーマン時代にバーテンダースクールに通ったほどのバー好きで、現在、渋谷にある共同オーナーにもなっている。大の人好きでもあり、「大切なのは人と人とのつながり」と仕事にプライベートに活動の場を広げている。
最新の情報はコチラ
URL: http://www.sekiguchikatsuo.com/
BLOG: http://ameblo.jp/sekiguchikatsuo

人柄が伝わるプロフィール

名刺を変更した効果

競合コンペの際、關口さんへの決め手は名刺でした。「名刺まで気を遣う細やかな人、何か楽しく仕事をやってくれそう！」、その期待感が大きく、**その場で契約**になったそうです。

制作ポイント

關口さんは、自分の見せ方を非常に重要視していて、写真も世界的な肖像写真家のタツ・オザワさん、プロフィールも物語ライターの大隈明子さんに作成していただくこだわりようでした。そんな各分野のプロが作成した写真とプロフィールを最大限活かすには、写真で惹きつけて、文章を読ませる工夫が必要でした。

モデルさんならいざ知らず、通常名刺には顔写真は多くても2枚程度。そんな常識を吹き飛ばすかのように、公的な顔、笑顔、プライベートの表情で構成し、プライベート部分でプロフィールを語らせるストーリーで、読ませる名刺にしました。

顔写真を多く使うことは、相手の会社に訪問することと同じ効果をもたらします。

これは、接触頻度を上げて好感を持ってもらう効果を名刺上で表現しました。

名刺を見てもらうたびに、接触頻度がカウントされるわけで親しみも当然上がります。

同じプレゼン回数なら、接触回数が多い人に頼みたくなるのもうなずけますね。（もちろん、關口さんの腕がピカイチなことは保証します！）

そして、2010年2月『人脈塾　サラリーマンも「自分名刺」を持ちなさい』という著書を出版するに至っています。

自分の業務実績をわかりやすく名刺で伝えただけで、自分の価値を伝えることができ、仕事の幅や人脈を広げることができた一例です。

実例6　名刺からプレゼンができ数百万円を受注　夢を叶える不思議なコーチ▼吉澤ゆかさん

吉澤さんの名刺活用の悩み

多岐にわたる事業内容を明確に表現できるツールを考えていた。もともとデザイン制作会社を立ち上げ、業績を伸ばしているが、事業部門の見直しに伴い、コンサルティングとコーチングに専念できるように名刺を変更したい。

自分でつくるより、自分が気づかない部分を専門家にいろいろ引き出してもらいたい。

名刺を変更した効果

ブログの「ゆかふぇ」という心と体を癒しながら、マーケティングも勉強できてしまう不思議な空間をアピールできるようになりました。

また、名刺に書いている「無料お試しコーチング」から、本格コーチングへの誘導が機能しています。名刺交換をしてしばらく経った方から連絡があり、**名刺を見ながらその場でプレゼンを行った結果、数百万円の取引に発展**したことも度々あるそうです。

実例7　新規のお客様はもう要りません　WEB戦略仕掛け人▼桑原浩二さん

桑原さんの名刺活用の悩み

異業種交流会やセミナーに参加する機会が増えているが、自分から積極的に前に出るタイプじゃないので、打ち解けるまで時間がかかってしまう。

名刺を変更した効果

桑原さんと話をしていてなるほどと思ったのは、世の中の大半のホームページ制作会社がホームページから集客ができていないという現実。そのため、テレアポしたり、ＦＡＸＤＭを打ったり、ポスティングをしたりすることは、自分たちのサービスを否定していることに気づいていない怖さでした。ホームページで集客できるなら、自分たちの集客もホームページだけでやるべきという意見に至極賛同しました。

名刺交換で、その現状を知ってもらうことができたら、桑原さんが打ち解けるスピードも速くなると感じ、「行列のできるＷＥＢ集客専門会社　ホームページだけで集客できて、

表面

あなたの熱い志をカタチにします!
「集めて・育てて・ファンにする」
笑顔を引き出す販売促進プランと制作専門
マーケティングコンサルタント
マイケル・ボルダック認定プロコーチ
代表取締役 吉《よし》澤《ざわ》 ゆか
E-mail:yuka@mebius-net.co.jp
Mebius 有限会社メビウス
〒130-0025 東京都
TEL: FAX:
制作事例満載! http://www.mebius-net.co.jp/
Yahoo!・Googleどちらも1位 広告 マーケティングプラン

女性らしい柔らかい雰囲気の写真が心をつかむ

中面

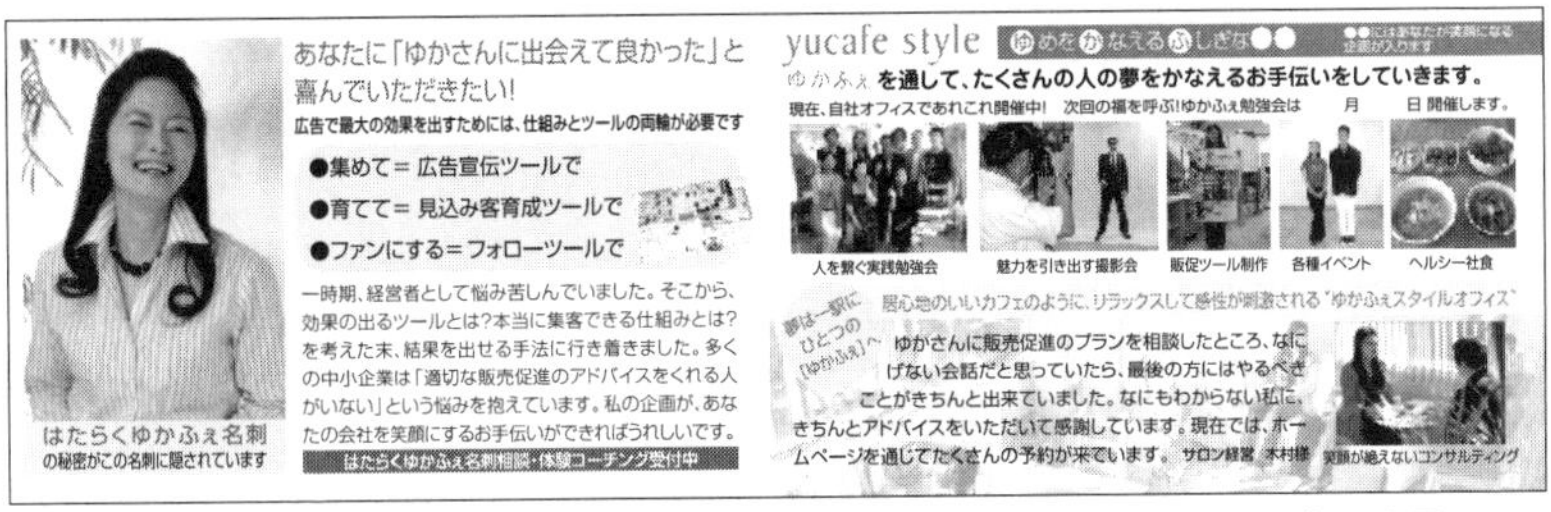
あなたに「ゆかさんに出会えて良かった」と喜んでいただきたい!
広告で最大の効果を出すためには、仕組みとツールの両輪が必要です
●集めて= 広告宣伝ツールで
●育てて= 見込み客育成ツールで
●ファンにする= フォローツールで
一時期、経営者として悩み苦しんでいました。そこから、効果の出るツールとは?本当に集客できる仕組みとは?を考えた末、結果を出せる手法に行き着きました。多くの中小企業は「適切な販売促進のアドバイスをくれる人がいない」という悩みを抱えています。私の企画が、あなたの会社を笑顔にするお手伝いができればうれしいです。
はたらくゆかふぇ名刺相談・体験コーチング受付中
はたらくゆかふぇ名刺
の秘密がこの名刺に隠されています
yucafe style ゆめをかなえるふしぎな●●
ゆかふぇを通して、たくさんの人の夢をかなえるお手伝いをしていきます。
現在、自社オフィスであれこれ開催中! 次回の福を呼ぶ!ゆかふぇ勉強会は 月 日 開催します。
人を繋ぐ実践勉強会
魅力を引き出す撮影会
販促ツール制作
各種イベント
ヘルシー社食
居心地のいいカフェのように、リラックスして感性が刺激される"ゆかふぇスタイルオフィス"
夢は一駅にひとつの[ゆかふぇ]へ
ゆかさんに販売促進のプランを相談したところ、なにげない会話だと思っていたら、最後の方にはやるべきことがきちんと出来ていました。なにもわからない私に、きちんとアドバイスをいただいて感謝しています。現在では、ホームページを通じてたくさんの予約が来ています。 サロン経営 木村様
笑顔が絶えないコンサルティング

名刺 1 枚の中に写真をたくさん入れることでイベントの雰囲気を訴求できる

裏面

一味違う販促アドバイスで、あなたのビジネスを元気にします
吉澤ゆかのプロフィール
●福井県福井市出身。B型。6月27日生。かに座。
●Pan Pacific Institute英文国際秘書本科卒。
●ダンスと音楽と武道にハマっています。
●犬・猫・ペンギン・牛・エミューが大好きです。
●創業15年。制作会社からスタートし、お客様の要望をかなえていく過程で、費用対効果の高いツールを、現場で試行錯誤しながら開発。売上も30倍に伸ばしてきました。現在では、マーケティング戦略から効果的なツールの企画・制作まで、トータルなサポートを行っています。
●世界No.1マーケター、ジェイ・エイブラハム氏からマーケティングを、
●世界トップコーチ、マイケル・ボルダック氏から目標達成のスキルとコーチングを、
●カリスマコンサルタント、福島正伸氏から企業家としての経営学を、直接学んでいます。
●オールアバウトプロファイルに販促・クリエイティブ専門家として掲載中
<講演実績>
●中小企業大学校 講師 ●群馬県庁
●市川市女性センターサタデーカレッジ 他
■ビジネスにも、メンタルにも効く!と評判の公私ごちゃまぜブログ
ココロの宝石たち Jewels in my heart
http://blog.yucafe.jp/ ゆかふぇ

コーチ・マーケターとしての実績とバックボーンをしっかり伝える

結果を出している制作会社に依頼したくないですか」とアピールすることにしました。

その結果、新規申し込みに拍車がかかり、**新規のお客様獲得をストップせざるを得ない状況に**。最近では、人気セミナー講師として活躍しています。また、２０１０年6月「WEB・口コミ・人脈 0円集客」という著書の出版に至っています。

これらの事例にある通り、名刺1枚で本人が伝えたいことを瞬時に伝える！ こんなことが十分可能です。みなさんも照れずに名刺を自分色に表現してみてください。

絶対受注名刺は、2面と4面の2タイプがあります。どちらがいいのかというよりも、目的や何を語るかによって形を決定するので、何が何でも面数が多いほうがいいというわけではありません。名刺の型にとらわれる前に、得たい結果が何かを逆算して型を選ぶ、そのように発想をしてください。

ここまで、名刺を見直すことでいろいろな効果があることを、事例を見ながら説明してきました。たぶん、頭の中には「こんな名刺にしたいなぁ」「自分だったら、もっとこうする」と、何だかつくりたくてウズウズしてきたのではないでしょうか？

お待たせいたしました。つづく第4章（心つかむ名刺アイディア編）・第5章（使命を伝えることで仕事は取れる！）で、具体的な名刺のつくり方に入っていきます。

表面

行列のできるWEB集客専門会社
HAPPYになれる「WEB制作・SEO・LPO・WEB戦略」ならお任せ!

WEB戦略仕掛人

代表取締役 桑原《くわばら》 浩二《こうじ》

E-mail：info@skynet21.com

人間重視の視点だから結果がでます

コチャー株式会社

〒400-0044 山梨県甲府市[redacted]

TEL：[redacted] FAX：[redacted]

成功事例満載！ http://www.clicktrade.jp/

あなたの会社に、ホームページ作成業者から電話がかかってきたことはありませんか？ホームページ制作業者の大半は、ホームページから集客できないのが事実です。

キャプションで、いったいどういうことなのか相手の興味を引く

中面

アクセスが上がらない？
弊社はお客様にそんなこと言わせません

あなたに「究極の自動販売機ができた」と喜んでいただきたい!

穴の空いたパンツしか履けない…どん底の経営の中、自社商品の開発・技術力の向上・販売実績を作るのに悩み苦しんでいました。そんな時「社長がうちの担当なら付いて行くよ」というお客様の言葉に支えられ、とことん結果を出せるインターネット手法に行き着きました。多くの中小企業は「インターネットでビジネスを拡大したいけど、適切な相談ができる人がいない」という悩みを抱えています。現在、「これで究極の自動販売機ができた」と好評をいただき、3ヶ月以上も新規の受付をお断りするほど評判を呼んでいます。私の企画・提案が、あなたの会社を笑顔にするお手伝いができればうれしいです。

ホームページ集客実践委員会・会員受付中
http://www.clicktrade.jp/

ホームページ制作業者の大半はホームページから集客できない事実

せっかくインターネットで事業を拡大したいのなら
ホームページだけで集客できて、結果を出している制作会社に依頼したくないですか

ホームページと口コミ以外、一切宣伝活動をしていない弊社の実績の1例です↓

- ゼロから初めて6ヶ月で1,000万円越えの売上商品サイト
- 1日20件のアクセスでも、1件の成約してしまうセールスページ
- アクセスアップ対策で、1日平均146アクセスが、1日平均823アクセスに改善

インターネットで最大の効果を出すためには、仕組みとツールが必要です

ホームページ制作
アクセスアップ対策
コンサルティング全般
SEO 検索エンジン上位表示
SEM 包括的なサイト誘導
LPO 受け皿サイト最適化

同業者からもここまでやって桑原さん安すぎ！と文句言われてます(笑)

サービスに自信があるからこそ、あえてお客様を選ぶような表現にしている

裏面

結果重視のWEB戦略で、あなたのビジネスを元気にします

桑原浩二のプロフィール

- 1969年2月8日生。山梨県出身。AB型。みずがめ座。
- 子供のころにあだ名が「こちゃー」なんです。
- つり・ボルダリング・読書・DVD鑑賞年間100本以上・書道4段。ハーゲンダッツのクリスピーサンド抹茶味にはまっています。
- 書籍出版挑戦中!書籍のタイトル「逆転するための6法則　気づき逆転術」ご期待ください!
- ネットの先取り商法（平賀正彦著）に、成功事例として出てます。
- 健康住空間推進協議会理事。
- 経済産業省のNICeに取材されています。
- 山梨にもっと活力を与えたいため、セミナー主催事業「K&K」主宰。
- 安全な野菜を子供たちにたくさん食べてもらいたいから、農業体験や無農薬野菜の販売栽培もやってます!

■コチャー株式会社ホームページ　http://www.clicktrade.jp/
■ホームページ集客実践委員会　http://www.skynet21.com
■アクセスアップの秘訣が満載のブログ「WEB戦略仕掛人 逆転のビジネス術」
http://ameblo.jp/clicktrade/

農業の写真でネット業とのギャップを引き出している

名刺をつくるまでの間、今の名刺を効果的に演出する裏技コーナー〈パート3〉

相手のセンスを褒める

相手の名刺に特長のない場合、名刺をきっかけに何を話せばいいのか、糸口を見つけることは非常にむずかしく気を遣いますね。

そこで、ちょっと視点を変えて相手が身につけているものを褒めてみてはいかがでしょうか？

たとえば「メガネが素敵ですね」「格好良いネクタイですね」「赤いものが好きなんですか」など、パッと見てわかる小物に絞るとウケはいいです。

人は、ふだんから身につけているもののセンスを褒められる機会は、そんなにないですから、言われたほうはじわっと嬉しさがこみ上げきます。

それに加えて「今度○○を買う場合アドバイスしてくださいね」というひと言をプラスすると、頼られている印象を与えることもでき、会話も弾むこと間違いなしです。

この人との距離を縮めたい、という場合にも応用できます。

心をつかむ名刺アイディア編

第4章

仕事が取れる名刺には理由がある

仕事が取れる名刺にある、たった一つのこと

仕事が取れる名刺と取れない名刺には、たった一つの決定的な差があります。

それは、

「何のために今の仕事をしているのか」

「自分はこの夢のために生きている」


といった、自分の「使命（＝生き様）」を名刺に記入しているか否かです。それなしには、「あなたと仕事をしたい」「あなたの夢に共感した」などという反応は得られません。

逆を言えば、**名刺に使命を書く！　それだけで仕事が取れてしまうんです。**

私は、使命を名刺に書いてから、仕事の依頼が増えました。さらに、自分自身にも自信がついていくのがわかり、たくさんの方と親密になる機会が増えました。

だから、名刺に使命を書いてください！　とお願いするわけですが、使命を書いたとしても反応に差が出てしまうことがあります。これに気づくまで私は4年以上かかっています。

あなたは、私と同じように数年かけて名刺を工夫している時間はありませんよね。

使命を爆発的に加速させるために必要なもの……それこそが、人の心をつかむ**アイディア**なんです。

どれもこれも真似するだけで、名刺本来のポテンシャルを引き出すことができるものばかり。私はこのアイディアを盛り込むことで、ひと目見て忘れられない名刺というインパクトを与えるとともに、自分の使命をきちんと伝えることができます。まるまるつくり直す前に、あなたの今の名刺にちょっと手を加えるだけでも、反応が変わってきますよ。

ただし、やりすぎに注意です。アイディアばかりが先行してしまうと、面白名刺の人という印象になってしまいます。あなたが望む名刺で得たい結果は、「面白い名刺の人」でも「変わった名刺の人」というブランドをつくることではありません。一人でも多くの

「あなたといっしょに仕事をしたい！」という方と、楽しく、ストレスなく仕事ができることだと思います。

目的に合ったアイディアを盛り込み、使命を伝える。これは大事です。

アイディアと使命がない名刺を使った場合、どうなるでしょうか？

営業の場面を考えて欲しいのですが、自分をアピールできる機会は営業のステップにはそう多くはありません。次のアポイントがスムーズにいけばチャンスはありますが、アポイントが取れなければその時点で終了となります。つまり、名刺交換のタイミングが自分をアピールできる最大最高のタイミングなのです。

いくら会社名をアピールしても、あなたをわかってもらったことにはなりません。単なる担当としてでしか相手は見ていないので、他の誰かがあなたの代わりに担当になった時点で関係は切れてしまいます。相手が社長だとしても、他にもっと条件が良い会社があれば、そちらにスイッチされてしまいかねません。

そうだとしたら、会社の情報だけを相手に伝えるというのは、自分を伝えるチャンスを失っているとしか言いようがないですよね。

◆使命を書いた名刺例

起業に必要な、たった一つの大切なこと
それは−ステージに合わせた伴走者です
日本一手厚いフォローを目指す!
行政書士
所 長
關口 勝生
Katsuo Sekiguchi
關口行政書士事務所
〒173-0004 東京都[redacted]
TEL：03-[redacted] ：0120-[redacted]
FAX：03-[redacted]
移動オフィス：090-[redacted]-[redacted]
メール:mail@sekiguchikatsuo.com
むずかしい名字ですが
やわらか頭で、仕事は丁寧。
ちょっと困っていること
ご相談ください。

起業する人を一貫して応援することを伝えている

相続争いで崩壊する家庭や
相続手続で苦労する相続人をなくしたい
家族の絆を守る「遺言作りの職人」
司法書士
手塚《てづか》 宏樹《ひろき》
tzk@myad.jp
経験に基づいた、きめ細かい対応が自慢!
手塚司法書士事務所
〒187-0003 東京都[redacted]
TEL：042-[redacted] FAX：042-[redacted]
詳しくはWEBで http://office-tzk.info/ 手塚宏樹 司法書士
100% 私が直接 対応!

相続争いで悩む人たちを日本中からなくしたいことを伝えている

売り込まなくても売れるとは、しつこく営業しないことではなく、**適切なタイミングで適切な言葉や仕掛けで、自分をアピールすること**です。それを可能にするのが、「一番最初に人に会った時」なんです。

私を含めた話下手な人は、言いたくても言いたいことが言えないのが悩みです。だから名刺に語らせて、自分をアピールすることが必要です。

名刺はあなたという「人」に焦点を当てた、生き方そのものを表すものです。そして、**自分を伝えることで何倍もの利益をもたらすことができるツール**です。

仕事の取れる名刺にするために、これからの時代に通用するアイディアを学びましょう。名刺ってこんなものだろうといった固定観念を変えればうまくいきます。

さぁ！　心をつかむアイディア編スタートです。

気づかずにやっている名刺の間違い

名刺セミナーを開催してよく受ける質問に、「ＮＧ名刺を教えてください」というものがあります。

ＮＧ名刺という言葉自体、名刺を意識しないと出てこない言葉です。自分の名刺がいいのか悪いのかが判断できないと直しようがありませんからね。

私は今でこそ、仕事が取れる名刺の専門家を名乗っていますが、私が初めて名刺を使ったのは、社会人３年目になってからです。新設の部署に配属されて企業を訪問する機会があるために支給されました。

今でも覚えていますが、名刺を支給された瞬間「オレもようやく社会人になれた」といった安堵感を得ました。

それも、喉もと過ぎれば何とやらで、１ヵ月もすると名刺を持てた喜びはなくなり「名刺交換なんてつまんない無意味なことはやめて、さっさと仕事の本題に入ればいいのに」と思ってきました。そして「何でうちの会社の名刺はダサいのか？」と名刺のデザインに不満を持ち、当時いっしょに仕事をしていたデザイナーに、とにかく格好良い名刺にして欲しいとデザインのリニューアルを頼みました。

これは名刺で仕事を取るという意識ではなく、気に入らないものは持ちたくないという感覚で、会社支給の名刺を使わなくなりました。当然、自作のデザインのため名刺交換の際のテンションは「どうですか！　この格好良い名刺は！」と高いです。会社にしてみたら規則を無視する困った社員ですね。

こんな例は特殊かもしれません。プライベートならいざ知らず、ほとんどのビジネスパーソンは、名刺がダサいからといって勝手に名刺を変更することはできません。自分だけ人と違うことをやるのは勇気がいることですし、たいていは社会人の常識によって、規則で決まっていることに逆らってまで無駄なことをしようとはしません。

事実、名刺を格好良くしたからといって仕事に繋がったかというと、全くありませんでした。15年前に名刺にこだわるとしたら、インパクトのあるデザインの変更をして個性を出す！　くらいしか思いつかなかったのです。（この名刺をデザインしてくれた方は、今では、超有名ミュージシャンのCDジャケットなどをプロデュースしているくらいセンスのある方です）

しかし、みなさんは大丈夫！　次にあげる5つの項目をしっかりとカバーすれば、一歩抜きん出ること間違いなしです。お手元の名刺を見ながらチェックしてください。

- レイアウト→やっぱり名刺も見た目で決まる
- 素材・形→素材、形状は凝りすぎ注意
- 名刺の目的→名刺は何のために交換するの
- TPOに合わせる→電話帳名刺はチャンスロス
- 裏面の活用→捨てられない名刺にするために

それでは、詳しく説明していきます。

やっぱり名刺も見た目で決まる

レイアウトに関しては、見た目で感じる不調和感（何かこの名刺ダサい？）という視点を解消することで、格段に名刺が見違えるようになります。

大別すると以下の4点を改善してみてください。

- ✪文字の頭がガタガタしている（配置が甘い）
- ✪同じような情報が点在している、または妙に誇張している
- ✪色を使いすぎる
- ✪文字のメリハリがない

個々に解説すると、

✪文字の頭がガタガタしている（配置が甘い）

文頭を揃えることによって、視覚的に統一感が出ます。素人っぽいデザインを解消する

◆レイアウト配置例

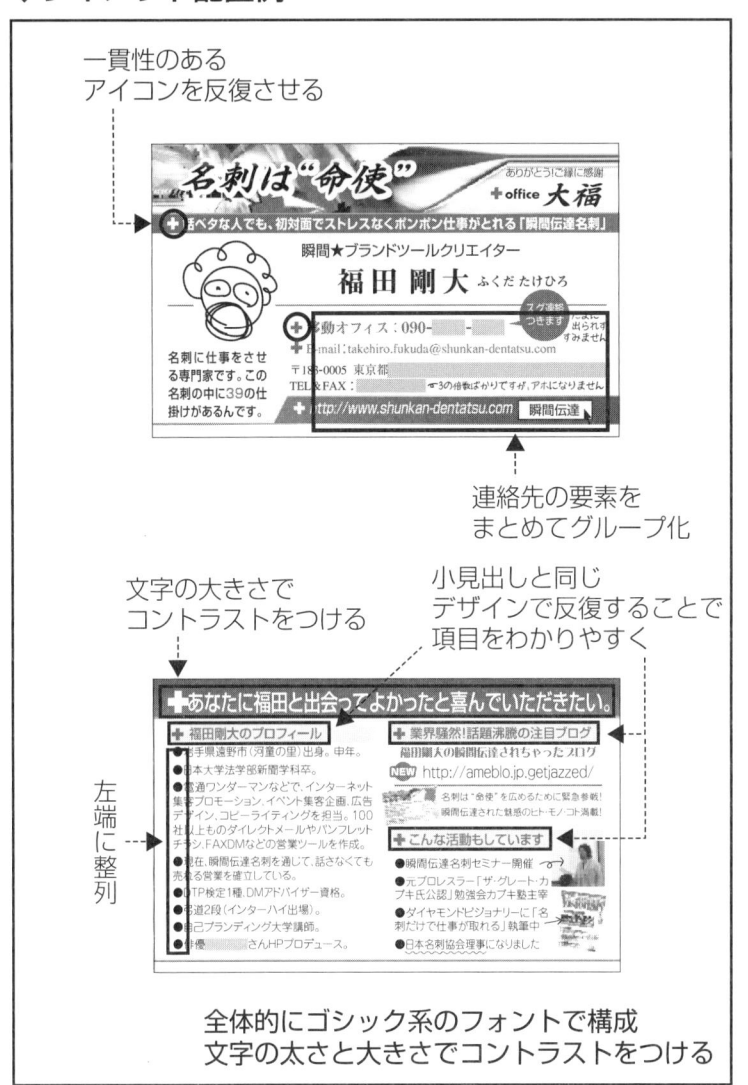

一貫性のある
アイコンを反復させる

名刺は"命使"
ありがとう!ご縁に感謝
office 大福
ベタな人でも、初対面でストレスなくポンポン仕事がとれる「瞬間伝達名刺」
瞬間★ブランドツールクリエイター
福田 剛大《ふくだ たけひろ》
スグ連絡つきます
たまに出られずすみません
動オフィス：090- -
mail：takehiro.fukuda@shunkan-dentatsu.com
〒1 3-0005 東京都
TEL FAX：
3の倍数ばかりですが、アホになりません
名刺に仕事をさせる専門家です。この名刺の中に39の仕掛けがあるんです。
ttp://www.shunkan-dentatsu.com
瞬間伝達

連絡先の要素を
まとめてグループ化

文字の大きさで
コントラストをつける

小見出しと同じ
デザインで反復することで
項目をわかりやすく

左端に整列

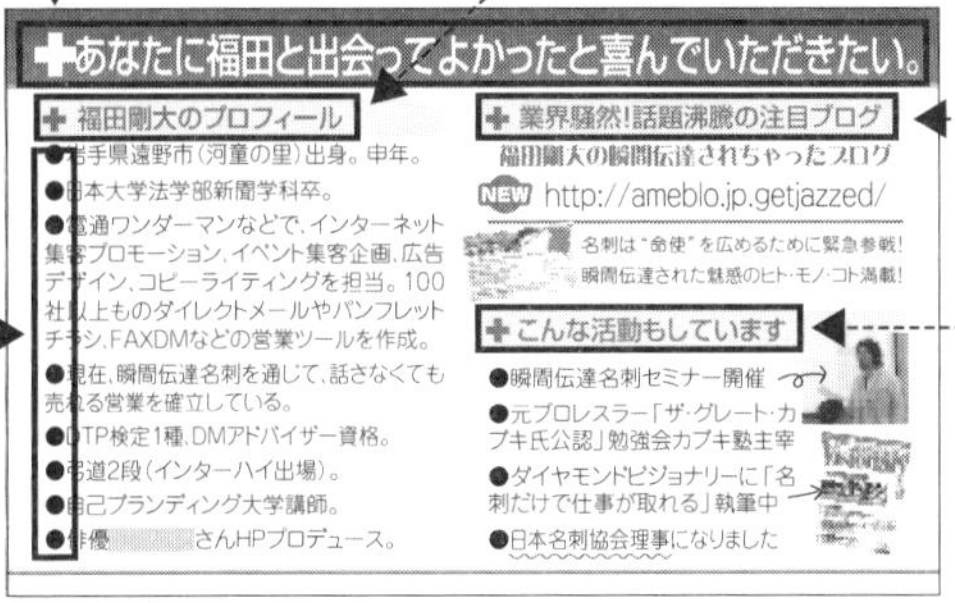
あなたに福田と出会ってよかったと喜んでいただきたい。

福田剛大のプロフィール
手県遠野市(河童の里)出身。申年。

本大学法学部新聞学科卒。

通ワンダーマンなどで、インターネット集客プロモーション、イベント集客企画、広告デザイン、コピーライティングを担当。100社以上ものダイレクトメールやパンフレットチラシ、FAXDMなどの営業ツールを作成。

在、瞬間伝達名刺を通じて、話さなくても売れる営業を確立している。

TP検定1種、DMアドバイザー資格。

道2段(インターハイ出場)。

己ブランディング大学講師。

優 さんHPプロデュース。

業界騒然!話題沸騰の注目ブログ
福田剛大の瞬間伝達されちゃったブログ
NEW http://ameblo.jp.getjazzed/

名刺は"命使"を広めるために緊急参戦!

瞬間伝達された魅惑のヒト・モノ・コト満載!

こんな活動もしています
●瞬間伝達名刺セミナー開催
●元プロレスラー「ザ・グレート・カブキ氏公認」勉強会カブキ塾主宰
●ダイヤモンドビジョナリーに「名刺だけで仕事が取れる」執筆中
●日本名刺協会理事になりました

全体的にゴシック系のフォントで構成
文字の太さと大きさでコントラストをつける

ためには、**要素をきちんと意図的に配置する**ことが大事です。

✪同じような情報が点在している、または妙に誇張している

住所・電話番号・ＵＲＬといった連絡先を表す。同じような内容の項目は、バラバラに点在させず一つにまとめます。それだけで、情報の混乱を防ぐことができます。

情報がまとまることで、読まれる可能性が高くなり、覚えてもらいやすくなります。

✪色を使いすぎる

デザインを構成する要素で、色は文字よりも強い意味を与えます。それだけ色彩が人に与える影響が大きいのです。

たくさんの色を使うと派手になりますが、それ以上に雑多な印象を与えてしまいマイナスに作用します。

キーカラーとサブカラーの2色程度に抑えることで、色の持つメッセージが伝わりやすくなります。

福田の名刺の色の仕掛け

ビジネス上で信頼・誠実といった印象を与える色に紺色があります。

だからといって、自分が伝えたいのは信頼よりも優しさであったり、笑顔を約束したいといった場合、メッセージを紺色一色で伝えることはできません。

私が名刺の色を選んだ決め手は、その年の風水ラッキーカラーです。２００９年はピンク・白・銀色・金色であり、２０１０年はワインレッド・濃紺・金色と毎年変わります。パーソナルカラーやコーポレートカラーのように、一つの色にメッセージを込めるやり方もありますが、毎年名刺のキーカラーを変えることで、その年々に新しい幸運を名刺で伝えたいと思ったからです。

それは、風水という縁起の良いものを採用することで、名刺にご利益を与えることになるからです。「私の名刺は風水ラッキーカラーを使っているので、私の名刺を持ち歩くことで良いことが起こりますよ！」と言葉をかけています。そうすると「さすがですね。福田さんだから福を呼ぶんですね」と喜んでいただいています。

縁起の良いものはありがたいですよね。これは、名刺を捨てられない工夫としてもひと役買っています。ちなみに、名刺をご利益名刺として活用方法をご紹介すると、

・黄色＋虎の子のイラストで金運アップ。

・有名神社でご祈祷、ご祈願する
・富士山のご来光などのありがたい写真
・4つ葉のクローバーを貼る
・おみくじや占いの要素を盛り込む
などで、ありがたさを演出できます。

色が与える印象

赤：明るく・元気・活発・積極的
青：知的・クール・誠実・シャープ・清潔・さわやか
緑：穏やか・優しい・成長・協調性
オレンジ：親しみやすい・健康的・若々しい
ピンク：かわいらしい・ソフト・ロマンチック
黒：立派な・伝統的・威厳のある・高級・高品質

これらを参考にして自分に合った名刺の色を決めてください。

◆文字のレイアウト例

「会社の経営状態の過去・現在・未来がひと目でわかる」
「今しなければならない経営判断ができる」と評判です
積極経営の総合コンサルタント
中山 茉莉子
Mariko Nakayama
税理士法人ウィズ
WITH
経理業務の仕組みから改善して、業績アップのお手伝いをしたいです。どんな小さなことでもご相談ください。
〒103-0013
東京都
TEL:
FAX:
e-mail : nakayama@z-with.or.jp
お客様に喜ばれている業務内容はコチラ ▶ http://www.z-with.or.jp

太さの違う、同じ書体で
メリハリと統一感を出す

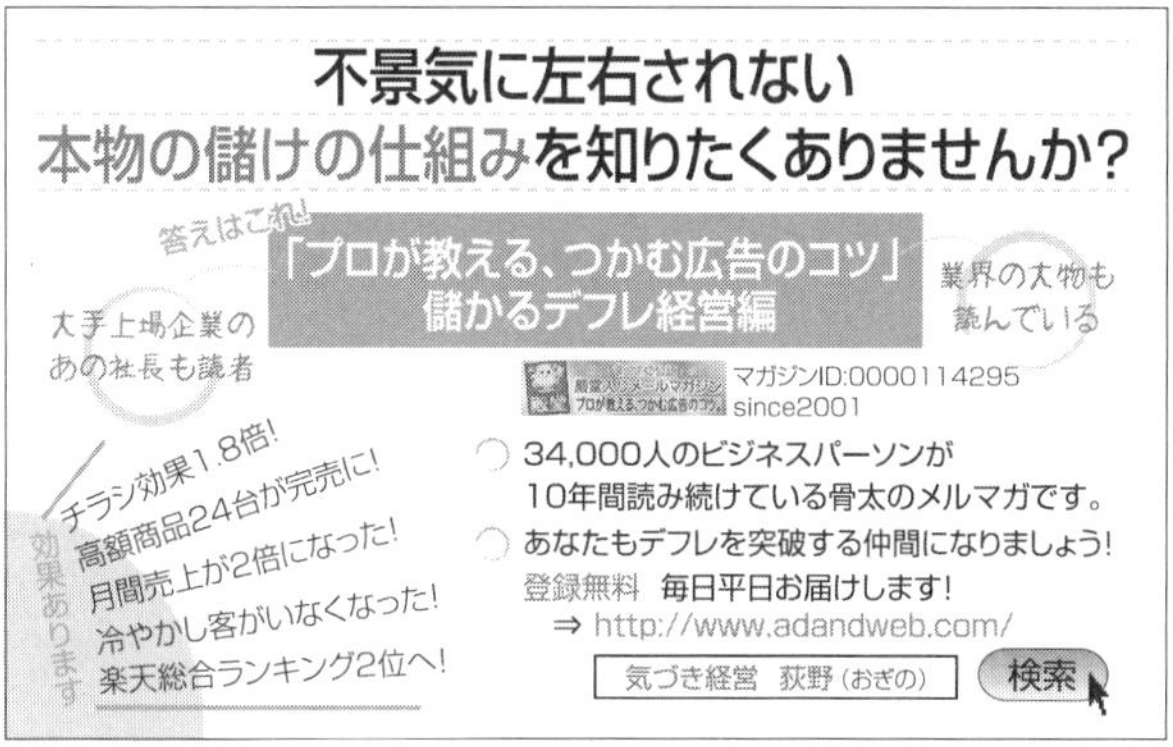

不景気に左右されない
本物の儲けの仕組みを知りたくありませんか?
答えはこれ!
「プロが教える、つかむ広告のコツ」
儲かるデフレ経営編
大手上場企業のあの社長も読者
業界の大物も読んでいる
マガジンID:0000114295
since2001
34,000人のビジネスパーソンが
10年間読み続けている骨太のメルマガです。
あなたもデフレを突破する仲間になりましょう!
登録無料 毎日平日お届けします!
⇒ http://www.adandweb.com/
効果あります
チラシ効果1.8倍!
高額商品24台が完売に!
月間売上が2倍になった!
冷やかし客がいなくなった!
楽天総合ランキング2位へ!
気づき経営 荻野(おぎの)
検索

ゴシックと手書き風文字で構成。
また、斜めにすることでリズムを出す

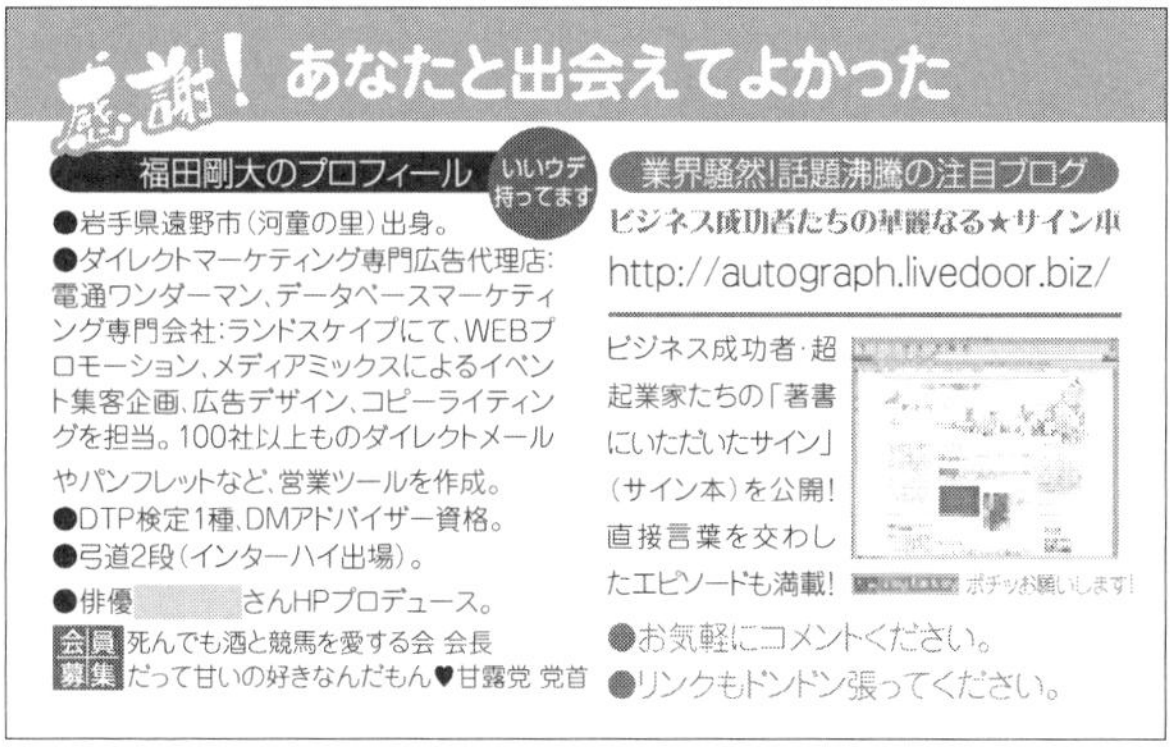

感謝! あなたと出会えてよかった
福田剛大のプロフィール
いいウデ持ってます
●岩手県遠野市(河童の里)出身。
●ダイレクトマーケティング専門広告代理店:電通ワンダーマン、データベースマーケティング専門会社:ランドスケイプにて、WEBプロモーション、メディアミックスによるイベント集客企画、広告デザイン、コピーライティングを担当。100社以上ものダイレクトメールやパンフレットなど、営業ツールを作成。
●DTP検定1種、DMアドバイザー資格。
●弓道2段(インターハイ出場)。
●俳優　さんHPプロデュース。
会員募集 死んでも酒と競馬を愛する会 会長
だって甘いの好きなんだもん♥甘露党 党首
業界騒然!話題沸騰の注目ブログ
ビジネス成功者たちの華麗なる★サイン本
http://autograph.livedoor.biz/
ビジネス成功者・超起業家たちの「著書にいただいたサイン」(サイン本)を公開!直接言葉を交わしたエピソードも満載!
ポチッお願いします!
●お気軽にコメントください。
●リンクもドンドン張ってください。

たくさんの書体を使うことで
POPなイメージにしている

✪文字のメリハリがない

名刺は大きさが決まっていて、盛り込む文字の量も限りがあります。それを、工夫して読みやすくするためには、異なる書体をたくさん使用せず、大きさにコントラスト（強弱）をつけることです。同じ書体で太さの異なるものを使用すると、メリハリが効いた統一感のある紙面になります。

デザインなんて勉強したことがないから面倒だと思いましたか？　自分の言いたいことを紙面に詰め込むのではなく、受け取る相手のことを思ってレイアウトしてみる。それを意識して修正することで断然読みやすい名刺になります。

ちなみに、私の名刺は、あえてフォントの種類を多く使いＰＯＰな印象を与えています。レイアウトを意識し、人の心をつかむことで、確実に好感を抱いてもらえます。

連絡させるためのひと工夫

✪携帯電話

携帯電話は、もはやビジネスに欠かせない必需品です。しかし、なぜか名刺に書かれた携帯電話番号に電話するよりは、固定電話に電話してしまいます。

わざわざ携帯に電話するのは敷居が高いと思われているかもしれませんね。

また、私のようなフリーランスの場合、携帯番号を大きく載せていると「こいつ、そんなに仕事が欲しいのか？」と変なやっかみを受けたりしがちです。

東京ではそうでもありませんが、先日九州にセミナーに行った時に、「携帯を名刺に載せるのは、悪い印象を与えるので書かないんです」と聞きました。

またある人は、わざと携帯番号を載せずに、手書きで書くことで特別感を演出すると言っていましたが、一度に伝えられる人数が限られているために、できれば最初から携帯番号を記入しておいた方が、あの人には書いて、自分に書かないなんて思われずにすみますね。

そこで、このような問題を一発で解消する方法があります。

それは、**携帯電話と書かずに「移動オフィス」と書く**ことです。私の名刺が事例として掲載されている『仕事がどんどんやってくる　目立つ技術』（中山マコト著）の中にも詳しく書かれています。

私は事例掲載される前に、たまたま中山さんに「移動オフィスって使っていいですか？」と聞いたら、「ドンドン使って広めて」と言われ、渡りに船と実践しました。

その結果、**携帯電話があるところなら、その場が即仕事場というアピールに成功**しています。

また、フリーランスでもガツガツした印象を与えないので、知らない電話番号からの仕事の依頼が携帯にかかってくることが頻繁にあります。

✪連絡をもらいやすくするフキダシ

先ほどの移動オフィスの表記に加えて、もう一つ携帯に電話してもらいやすい工夫があります。それがフキダシです。

携帯電話にかけてもらうために「スグ連絡つきます」とフキダシをつけています。それによって、本来、携帯の真の役割である**直接本人に連絡がつくことを促進**させています。

そのため、携帯に気軽に連絡がくるのですが、打ち合わせが重なって、電話にすぐ出ることができなかった時期に「福田さんに電話しても出ないんだもん」と言われたことがあります。

◆フキダシ例

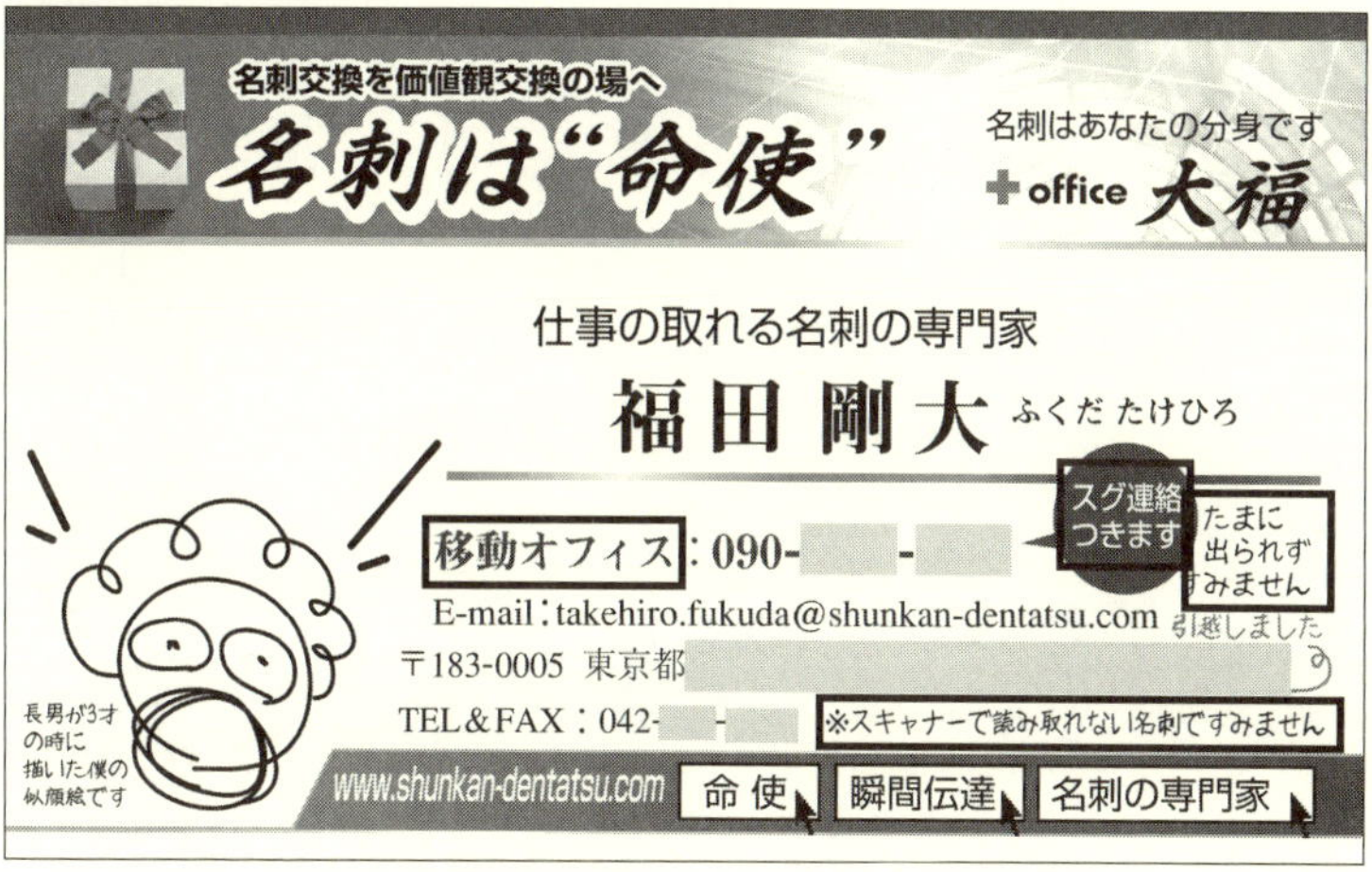

移動オフィスとフキダシの例
これで携帯電話へかかってくる確率がアップします

　このひと言がきっかけで、「クレームを先取りしてあやまる」ことをフキダシで伝えたところ、このような言葉が自然となくなりました。

「クレームを先取りしてあやまる」ことを名刺にさせると、相手の方と心地よいコミュニケーションを築くことができます。

　さらに、私の名刺レイアウトは、名刺スキャナーで読み取れないために、名刺スキャナーで読み取れないことも、先にあやまっています。

　そのひと言で、スキャナーを行う相手の方のストレスを、少しでも緩和することに役立っています。

素材、形状は凝りすぎに注意

✪名刺サイズはノーマルのものが最適

名刺の一般的な規格は91ｍｍ×55ｍｍです。これよりも大きいサイズの名刺は、名刺交換の直後は大きいから目立つかもしれませんが、名刺ホルダーに整理できないために、表紙の裏とフィルムの間に挟まれっぱなしになりがちです。

文庫本のしおりなら使い勝手がいいかもしれませんが、いつも見るホルダーで単純にはさんであるだけの名刺は気づいた時にはなくなっていたり、この名刺邪魔くさいという気持ちをボディーブローのように抱かせてしまいます。

自分をよく思って欲しいとサイズを大きくした結果、相手を不快にさせてしまったら意味がありませんよね。名刺交換後の相手のストレスまで意識してみてください。

別の例として、名刺研究家の薄井幸二さんから「タブ付き名刺を作ったんですけど、思った以上の反応がないんですよ」という相談を受けました。タブは目立っていいと思

◆名刺４タイプ

横型　横書き

レイアウトしやすい
パターン。

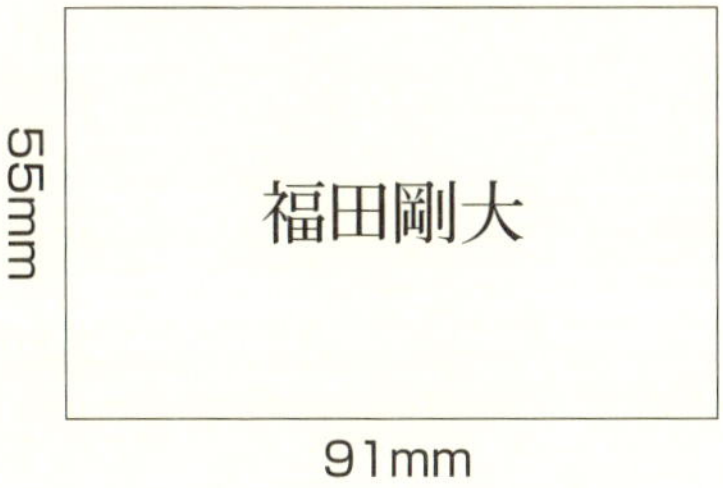
55mm
福田剛大
91mm

縦型　縦書き

福田剛大

最もポピュラーな形。
安定して重厚感の
あるパターン。

縦型　横書き

要素がたくさんある時に
使われるパターン。

福田剛大

横型　縦書き

福田剛大

レイアウトが難しい。
デザインのプロに
まかせたいパターン。

い、折角の工夫がどうにかならないかと考えました。名刺フォルダにはタブが大きくて入らないため、箱型の名刺ケースに入れてもらえれば検索されやすくて最適だと思いましたが、そこが落とし穴でした。

そもそも箱型の名刺ケースは、頻繁に利用しない名刺入れとなっている場合が多いのです。そのため、検索しやすい工夫をしたのに有効活用されないのが現状でした。

この例でもわかるように**保管ツールから逆算して規格内で工夫する**ことが大事です。

また自社製品が細いものや小さいものを扱っているのなら、小さい名刺も商品を連想、連携させることで意味が出てきます。

そうでない限り、おしゃれ、スマートと格好から入るのは、名刺ホルダーから抜け落ちる危険と、紙面の情報量が少なくなるので、レイアウトをかなり工夫しないといけないので要注意です。

ここまで、名刺ホルダーからの逆発想を伝えてきましたが、これを踏まえて名刺をつくると面白いアイディアが生まれるかもしれません。混乱を承知で書くと、名刺に次いで反応があるツールの大きさにハガキ大があります。ちまちまと**名刺の大きさにこだわって**

たくさん折りまくるなら、ハガキ大で勝負するのもアリだと思います。

ハガキもハガキホルダーがあるので、整理することもできますからね。

✪素材は職業を連想させるものがいい

素材に関しては、和紙や木、プラスチックや食べられるものなど様々なものがありますね。

しかし、なぜこの素材を選んでいるのかが、職業と何かしらリンクしていなければ、単なる面白名刺の人として認知されてしまいます。

また、人によっては家庭用プリンタで出力した名刺を嫌っている方がいます。

その方に、すぐに修正できて経済的でいいのではと話を聞いてみたら、

「**まず名刺にお金をかけられない人とは危なくて仕事をしたいと思わない。**そして、**名刺に気を配れない人は良い仕事をしてくれる期待が持てない**」

と思っているそうです。

ことあるごとにヒアリングしてみたら、意外にこんな印象を持っている方が多いのに驚

きました。家庭用のプリンタ用紙を切り離した時に残るミシン目のザラザラ部分がそう判断される原因です。最近ではミシン目が目立たない用紙も販売されていて、プリンタの性能によっては印刷されたものと遜色ない名刺もつくることができますが、安っぽく見られないかチェックしてください。

素材の注意点

・家庭用プリンタ用紙→ミシン目に気をつける
・柄物、色物→顔色が悪く出力される可能性がある
・和紙→高級感が演出できなければ寂しい印象になる
・変わりダネ→仕事とリンクさせる。使用する場合、デザインやアイディアセンスを問われる

名刺は何のために交換するの？

名刺の目的を理解していない名刺って何でしょうか？　次の節の95ページにある名詞の7つの役割でも述べますが、**一番の目的は自分の顔と名前を覚えてもらうこと**です。そ

のためには、自分の顔写真（またはイラスト）が載っているか、名前にフリガナを振っていることが必須といえます。

私は勉強会やセミナーを主宰している関係で、多い時には月に２００人以上の方と名刺交換をさせていただいています。

しかし、翌日にお礼メールを書こうと名刺を見た時に「この人誰だっけ？」と顔と名前が一致しない場合があります。本当に申し訳ないと思いながら、そういう方は当たり障りのない文面になってしまうか、後回しになってしまいます。

だからといって、顔を忘れてしまうのは相手が悪いと思わないでください。**顔を覚えてもらう工夫をしていないことが問題**なのです。

この人誰だっけ？　という小さなストレスが、面倒だなというマイナスの評価、もしくは存在しないのと同じ印象を与えてしまうのです。

せっかくご縁ができた名刺交換の場を活かすには、後々まで名刺に話をさせた方がお互いストレスがなくていい関係が構築できますね。

電話帳名刺はチャンスロス

個人のスキルアップで参加されている勉強会や異業種交流会なのに、企業の名刺をそのまま渡してしまうケースです。

セミナーや交流会で「仕事の取れる名刺の専門家です」と、私が自己紹介をした後に名刺交換をすると、決まって言われるセリフがあります。

「すみません。名刺の専門家に渡せる名刺じゃなくて……」

その方は、非常に困った表情をされていて、受け取る私も何だか申し訳なくなってしまいます。

私と名刺交換する方が恐縮するのは、**『郵便番号、住所、電話番号／ＦＡＸ番号、会社名、肩書き、名前、ＵＲＬ、メールアドレス』**だけが書かれた、いわゆる**「電話帳名刺」**と呼ばれる名刺を使っていることです。

自分をアピールしなければいけない場で、名刺を渡すことが恥ずかしくなってしまうのは、このような**電話帳名刺からは、自分の持っている魅力を何も伝えることできない**と思ってしまうからでしょう。

◆電話帳名刺例

会社ロゴ　　会社名

所属部署名
役職　肩書き
氏名

住所
電話番号　　FAX番号
e-mail　　URL

横型の例

会社ロゴ　会社名
所属部署名
役職　肩書き
氏名
住所
電話番号
FAX番号
e-mail
URL

縦型の例

このような名刺で自分をアピールすることは、
じつは非常に難易度が高い。
渡した相手もあなたに何を聞いたらいいのか
わからず、会社のスキルだけが頼り。
名刺交換後の緊張状態を生み出す元凶。

「会社の規定が厳しくて、個人名刺をつくることが禁止されているんです」と言う方の業界こそ、名刺を工夫しなければいけないのに、できないというジレンマに陥っている営業パーソンも多いと思います。

会社側からしてみたら、一定レベルの営業力の提供と、優秀な営業パーソンの囲い込みと言う面で、個人の裁量に任せづらいと思います。

しかし、営業パーソンの側から言わせてもらえれば、会社が最後まで面倒をみてくれる時代ではないし、一番現場を知っているのは自分なのだから、お客様との関係構築をさらに良くするために、効果のあるものは積極的に取り入れて行きたいと思うのが本音ではないでしょうか？

だとしたら、名刺というカテゴリーではなく、自己紹介カードとして許可申請したり、現在使用しているＡ４サイズの営業ツールの大きさを、名刺大にして活用してみてはいかがでしょうか？

名刺の大きさにするだけで、同じ内容でも格段に多く受け取ってもらえるようになります。

捨てられない名刺にするために

裏面に何も書いていない名刺は、それだけ名刺から伝わる情報が少ないために、名刺をきっかけにして気の利いた会話に持っていくのに非常に困ります。

私「初めまして。福田と申します」
Aさん「Aです。よろしくお願いします」
私「Aさんは税理士さんなんですね」
Aさん「そうです」
私「すごいですね」（気の利いた切り返しができない）
（……沈黙……気まずい……笑ってごまかせ）

初対面の時に、まず第一声を何にするか？　話下手な方であれば非常に悩みますよね。
名刺に書かれている情報を飛ばして、いきなりプライベートの質問をするのもおかしいし、そこまで聞ける関係もできていません。

あなたは、自分の仕事のことを理解しているのは当然です。ですから、**裏面には受け取る方のことを考えて、事業内容やプロフィールなど話のきっかけづくりになる内容**を載せてください。

また、裏面が英語表記のものも話は進展しません。私は外資系企業を2社経験しましたが、外国人のお客様と仕事をしたことは一度もありませんでした（東北弁は話せますが、外国語は話せません）。

日本語の電話帳名刺＋裏面にはしっかり英語表記。表面・裏面ともダブルで会話を生まない名刺を使っていました。裏に書くことがないからとりあえず英語で……は全く無意味な行為です。機能していない内容は名刺から省き、適切な情報を載せてくださいね。

以上、ＮＧ名刺について書きましたが、このようなケースは中小企業に限らず、大企業に所属されている方にもあてはまると思っています。

ここ数年のビジネス環境の激しい変化から、会社の名前と肩書きだけで今後10年生きていけるほど、世の中甘くないと感じている方が増えているのではないでしょうか？

リーマンショックを迎える半年ほど前に、リーマンブラザーズに勤めている方と名刺交換したことがありました。名刺交換した後、間髪おかず「世間では私たちのことをハイエナと呼んでいますが、実際は違うんです」と切り出されました。聞いてもいないことをなぜわざわざ話すのか？　と驚いたと同時に、それだけ会社の名前がその方にとって大きな価値を占めているんだと感じました。

その方が現在どうされているのかわかりませんが、そんな自己紹介からは、その方の仕事に対する矜持《きょうじ》は残念ながら全く伝わってきませんでした。会社の名前で生きるのか？　それとも自分の名前で生きるのか！　が自分の存在価値を示すために重要だと認識した出来事でした。

「いざという時、会社は何もしてくれない」――頭でわかっていても、なかなか受け入れがたい事実です。そんな時、時代を恨む前にふだんから「自分は何のためにこの会社に入って、何をしたかったのか？」を名刺に書いて、社員間に限らず取引先や友人など周りに伝えておくことで、自分の良き理解者を得ることができるでしょう。

また最近は減ってきましたが、初対面の自己紹介で「○○社の××（自分の名前）です」だけ言い放って他に何も補足をしない方は、要注意です。

「○○社の××（自分の名前）です」を聞いた瞬間に言葉に出しませんが「それで？」という反応になりますし、「結局会社の名前で仕事しているだけなんじゃないの」と、とらえられてしまう可能性があります。

ですから、**会社名だけの自己紹介ではなく「自分は何のためにこの会社に入って、何をして、こんな実績を出しています」を、名刺でさりげなくアピールする**ことをオススメします。

便利情報で裏面をイケテル面に変更！

裏面が真っ白を解消する方法として「カレンダー」「年齢早見表」「度量衡換算表」「外国通貨換算表」「バス電車路線図」「金言・格言」「カレンダー」「ものさし」……など、生活に便利な情報を付けることで、捨てられない名刺に早変わりします。

このような情報は職種によって、ご自身のビジネスを大きくアピールできます。

たとえば、損保業でしたら、万が一の事故対応の記録を書き込めるようにすることで、その後の処理を円滑に進めることも可能です。その際に、事故に遭われた時の心構えなども書いてあるとより効果的ですね。

また、「カレンダー」「年齢早見表」などは変更したことを口実に、会社訪問のアポイントを取ることもできます。

さっそく裏面をイケテル面に変更しましょう！

名刺に「7つの役割」を徹底的に果たさせよう

やってはいけないＮＧがわかったところで、やるべきことに注目していきましょう。
名刺には７つの役割あります。

1 嫌でも顔と名前を覚えてもらう。
2 知らず知らずに自分と仕事に対して興味を持ってもらう。
3 これで自分と仕事を理解してもらう。
4 連絡先をパッと伝えて果報を待つ。
5 誰とでも会話を成立させる。
6 実績、趣味、嗜好を伝えてグッと近づく。
7 次のステップにつなげるためのひと言。

名刺交換をしていつも思うことは、いただく名刺のほとんどはこの7つの役割を果たせていないということです。私が、名刺コンサルティングを依頼される時に最初にチェックしているのもこの点です。名刺に、この7つのことを加えるだけで見た目の印象も、受け取った人に与える効果もガラッと変わります。

裏返せば、役割を果たしていない名刺が多いので、きちんとつくるだけで目立ってしまうんです。だから、名刺交換をしたその瞬間から、仕事を依頼されてしまうなんてことも起こるのです。

それでは、順に説明していきますね。

嫌でも顔と名前を覚えてもらうには

面接官になったつもりで答えてください。

あなたは履歴書に顔写真を貼っている人と、貼っていない人がいた場合、どちらを雇いますか？　履歴書に顔写真を貼っている方を選んだのではないでしょうか？　写真を貼るのがあたり前だから、顔が見えた方が安心するから、という理由が大半だと思います。

それでは、写真のある名刺と、ない名刺ではどうでしょうか？　答えは言わなくてわかりますよね。

面接以外で履歴書を使う場面って、そう多くないはずです。自分を知って欲しいからと出会う方に履歴書を渡している人は、逆に変な人になってしまいます。それではふだんの生活で、自分を相手に伝えるものといったら何でしょうか。そう！　名刺です。仕事を円滑にするために渡した、せっかくの名刺が埋もれてしまうのはもったいないですよね。

これを解消するためにやらなければいけないことが2つあります。

- **顔を覚えてもらうために、写真またはイラストを使用する。**
- **名前を覚えてもらうために、フリガナを入れる**

この2点です。言われればな～んだっていうことですが、持っている名刺をひっくり返して、写真、またはイラストとフリガナが両方ある・なしで分類してみると、多く見積もっても2割程度しかできている名刺はありませんでした。私の周りは工夫している方が多いと思うので、一般的には1割前後だと思われます。非常にもったいないですね。

「写真とイラストどちらがいいのでしょうか？」という質問を受けますが、優先順位をつけるならば、

何もなし

>

イラスト

>

写　真

となります。大事なのは自分らしさが表現できているかにつきます。この自分らしさを表現するのが難しいんだよと言われそうですが、非常に簡単な方法があります。

✪イラストでイライラさせてはいけません

イラストの場合、自分以外の他人に書いてもらうことです。とくに、**愛する人に似顔絵を描いてもらってください。**私の場合、子供が3歳の時に描いた似顔絵を使っています。最初この似顔絵を見た時は、「俺ってこんな変な顔なのか……」とへこんだのですが、よくよく考えてみると、

・とにかくインパクトがある。

・線が単純なのでイラストではなく記号として伝わる。

◆イラスト例

名刺交換を価値観交換の場へ
名刺は"命使"
名刺はあなたの分身です
office 大福
仕事の取れる名刺の専門家
福田 剛大 ふくだ たけひろ
スグ連絡つきます
たまに出られずすみません
移動オフィス：090-
E-mail：takehiro.fukuda@shunkan-dentatsu.com
引越しました
〒183-0005 東京都
TEL＆FAX：042-
※スキャナーで読み取れない名刺ですみません
長男が3才の時に描いた僕の似顔絵です
www.shunkan-dentatsu.com
命使
瞬間伝達
名刺の専門家

子供の手描きのイラスト

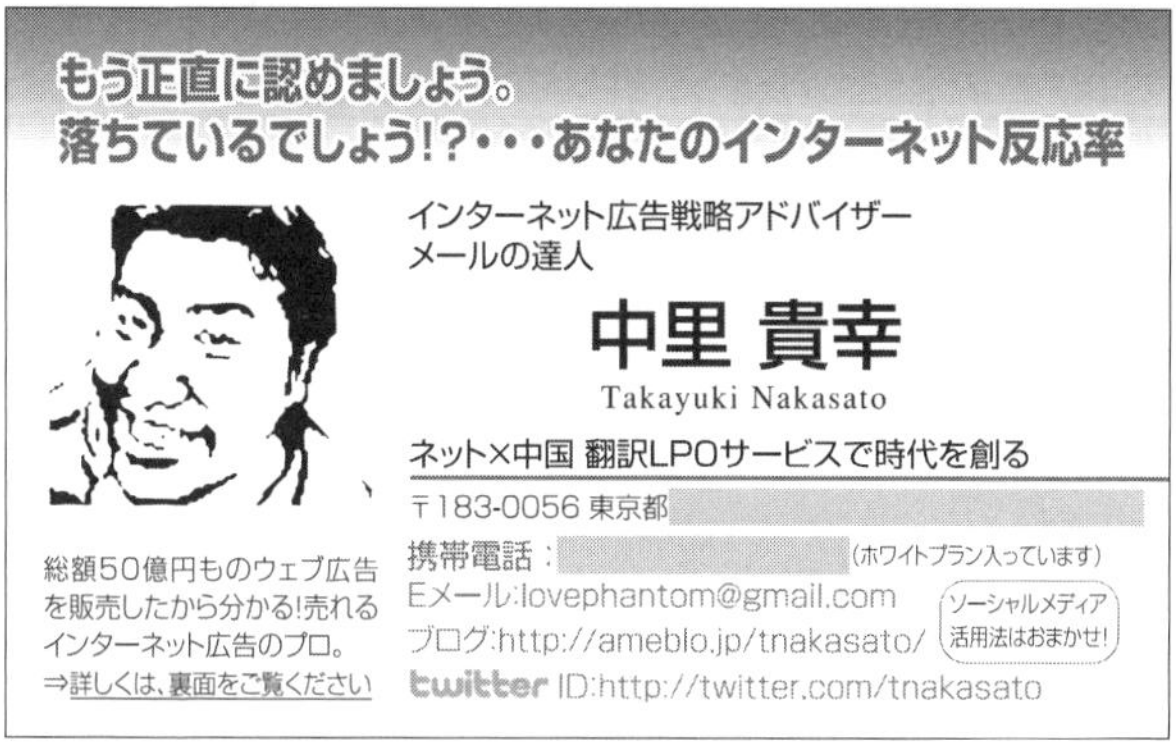

もう正直に認めましょう。
落ちているでしょう!?・・・あなたのインターネット反応率
インターネット広告戦略アドバイザー
メールの達人
中里 貴幸
Takayuki Nakasato
ネット×中国 翻訳LPOサービスで時代を創る
〒183-0056 東京都
携帯電話：
(ホワイトプラン入っています)
Eメール:lovephantom@gmail.com
ブログ:http://ameblo.jp/tnakasato/
ソーシャルメディア活用法はおまかせ!
twitter ID:http://twitter.com/tnakasato
総額50億円ものウェブ広告を販売したから分かる!売れるインターネット広告のプロ。
⇒詳しくは、裏面をご覧ください

有名な缶コーヒーのイラストレーターに描いてもらったイラスト。これだけで話題になった……

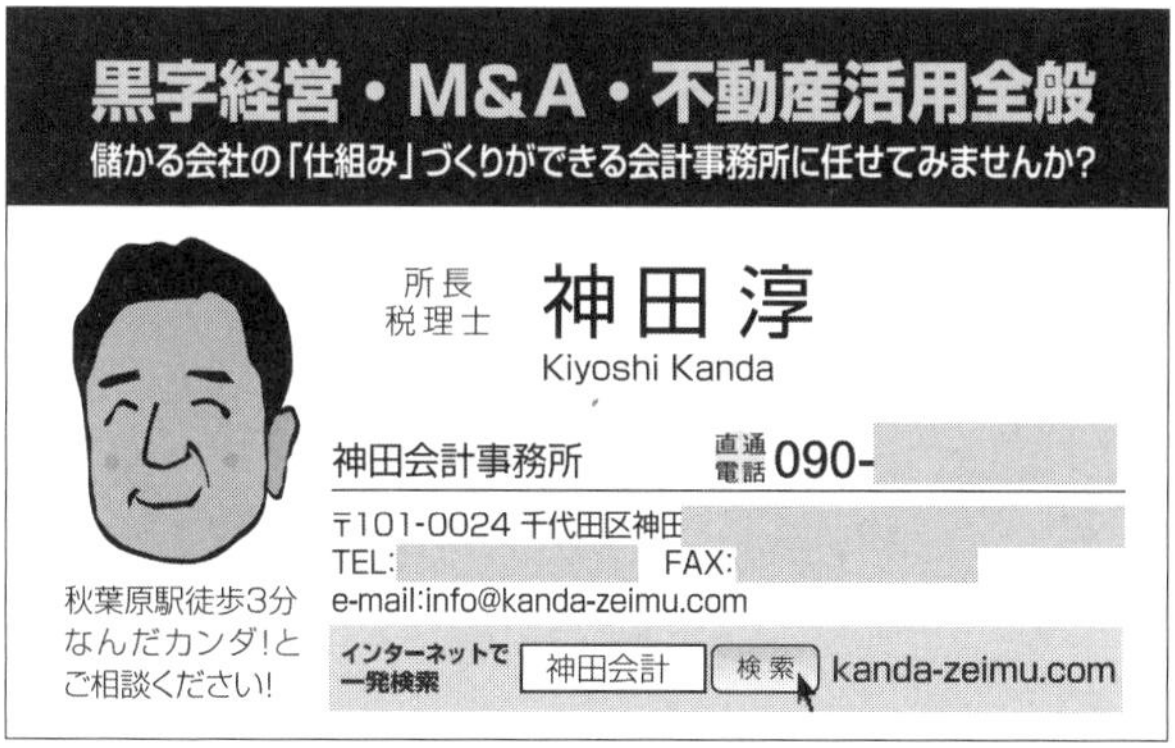

黒字経営・M&A・不動産活用全般
儲かる会社の「仕組み」づくりができる会計事務所に任せてみませんか?
所長
税理士
神田 淳
Kiyoshi Kanda
神田会計事務所
直通電話 090-
〒101-0024 千代田区神田
TEL:
FAX:
e-mail:info@kanda-zeimu.com
秋葉原駅徒歩3分なんだカンダ!とご相談ください!
インターネットで一発検索
神田会計
検索
kanda-zeimu.com

味のあるヘタウマイラストは親しみやすい

・これ、子供が描いたんですと会話になる（いいパパの印象を与えられる）。
・名刺交換するたびに子供のことを思い出せる（元気になる！）。
と良いことづくめです。

最近では、「私の名前は忘れていいですが、もじゃもじゃのイラストの名刺をもらったことだけ覚えていてください」と自己紹介するだけで、名刺と本人を関連付けることもできています。

これは子供に限ったことではなく、恋人でも、ご両親でもいいので、他人に似顔絵を描いてもらってください。**名刺を見るたびに元気を取り戻せて自然と笑顔になれますよ。**

イラストについての大事な注意点があります。それは、絵のテイストです。

インターネットでダウンロードできる無料のクリップアートのようなもの、ブログなどのアバター、あまりにも実年齢とかけ離れすぎているものを、使っているあなたは気をつけてください。

単純にイラストを載せただけでは相手の記憶に残りませんよ。特にいかにも名刺用のイラストでは「どっかで見たような感じ」となってしまい、たくさんの名刺に埋もれてしま

"事業を成功させられる人"が育つ仕組みをつくる
新しい価値を生み出すには、社内コミュニティの構築が不可欠です
代表 今井 孝 Takashi Imai
CarriageWay Consulting
キャリッジウェイ・コンサルティング
〒104-0032
東京都
TEL: FAX:
e-mail : imai@carriageway.jp
創造力を発揮できるコンテンツ満載 ▶ http://www.carriageway.jp

職業が伝わる写真にすることで仕事内容がストレートに伝わる

います。

✪証明写真では、職業を証明できない!?

写真で自分らしさを表現するには、**実際に仕事を行っている動きのある**ものにしてください。

コンサルタントであればホワイトボードで説明しているもの、税理士であれば専門書がぎっしり詰まっている本棚をバックに、と自分の専門性を写真を見ただけでわかるものを使用してください。そうすることで、一発で自分が何者なのか伝えることができます。

今井孝さんは、大人気メルマガ「ビジネスブレーンストーミング」の発行者であり、コミュニティビジネスコンサルタントの第一人者です。

写真から見る今井さんはいかにもビシバシコンサルします！　という雰囲気が伝わってきますが、実際は非常に温和でやさしい語り口の人です。名刺をつくってからしばらくして、今井さんから「この名刺は、何か今井さんのイメージじゃない」と周りに言われるんですがどうしましょうと、相談を受けました。

非常に焦りましたが、誰に言われたのかヒアリングすると、友人や知り合いにイメージじゃないと言われるようです。

それを聞いて狙い通りと安心しました。この名刺が狙っているのは人事担当者です。人事担当者が、今井さんに研修を依頼したいと思われるように設計しています。

人事担当者目線で見た場合、本当にこの人に研修を任せていいのかと考えるのはわかっています。そうであれば、どうしたら人事担当者に信用されるのかを考えたら、「ズバリやるわよ」的な写真を採用したのは必然ですよね。

写真は誰にどう思われたいのか？　そこを明確にするだけでいろいろと工夫できます。

写真注意点 手元にある名刺の写真を見ていると、やっぱりただ載せただけのものが9割です。いかにも証明写真。色が飛んでいるもの。小さすぎてわからないもの。無表情なもの。名刺の台紙が青で肌色が変色して顔色が悪くみえるもの。今の年齢とかけ離れすぎているもの……などなど写真の質が悪いものをそのまま使用しています。

名刺交換後、相手の手元に残るのは名刺です。接触頻度が多ければ好印象を与える逆バージョンで、質の悪い写真はあなたのイメージをドンドン悪くします。

いい表情の写真を照れずに使ってください。顔写真の効果的な具体例は本書と同じハギジン出版から出ている『落合英之著　小さな店でも大きな会社でも　営業力は社長の「顔出し」で3倍アップする』を参考にしてください。

✪イラストと写真を引き立てるとっておきの裏技

さらに、イラストと写真を引き立てるとっておきの裏技を2つ紹介します。

一つ目は、**表面にイラストを使う場合、裏面には現場で動いている写真**を使ってください。

私はこれを**「サンドイッチPR作戦」**と呼んでいますが、イラストと写真を2つ使うことで双方の良い点を補完しあうことができるのです。イラストでインパクト与えた後、裏面で実際の仕事を風景を見せることで、この人は実際にこんな仕事をしているんだと安

◆動きのある写真例

コーチ、講師はマーカーを使って
プレゼンやセミナーをアピール

本棚をバックに
実直さをアピール

フキダシで言葉を入れると
いいたいことが伝わりやすく
なります

キャラクターに合わせて
こんな写真も OK

◆キャプション名刺例

数字を生きた経営に活かす専門家
お金を節約する・殖やす・循環させるサポートなら！
お金を残す経営コンサルタント
税理士
公認会計士
公認内部監査人
種村《たねむら》 智子《ともこ》
info@zeikin-support.com
日野・八王子・立川の地元密着19年
種村会計事務所
〒191-0043 東京都
TEL : 042-
FAX : 042-
詳しくはWEBで http://www.zeikin-support.com
女性の鋭い視点だから結果がでます

自分のいいたいことをひと言ポンと書くだけでOK

起業に必要な、たった一つの大切なこと
それは－ステージに合わせた伴走者です
日本一手厚いフォローを目指す！
行政書士
所 長
關口 勝生
Katsuo Sekiguchi
關口行政書士事務所
〒173-0004 東京都
TEL : 03-
: 0120-
FAX : 03-
移動オフィス : 090-
メール:mail@sekiguchikatsuo.com
むずかしい名字ですが
やわらか頭で、仕事は丁寧。
ちょっと困っていること
ご相談ください。

自分の名字と業務内容をかけあわせることで
親しみやすさをアップできる

心感を与えることができます。
二つ目は**キャプション**をつけます。キャプションとはイラストや写真の説明文ですが、これをつけることでイラストや写真のメッセージが強化されます。
写真にキャプションをつけている名刺は、ほとんど見かけません（手前味噌ながら私の大発見です）。
自分が主催する名刺セミナーで、こんな話しをします。
福田「ホームページ（ＨＰ）やチラシで、一番最初に目に付く部分ってどこだと思いますか？」
受講生「一番左上です」
福田「さすがですね。正解です！」
そうなんです、**販促物制作を行った方なら必ず知っている「左上絶対有利の法則」**です。これは人間の目線の動きを観察すると、左上に書かれているものから順を追って読まれることから、一番訴求したいものを左上に配置することで、効果を上げることができるというものです。私もＨＰやチラシを作成する際に気を遣っているポイントです。ただし名刺に限っていえば、ＨＰのように縦に長くないし、チラシのように大きくないために、最初に全体をボワッと見渡して、そこから気になる箇所を読み進めることを無意識のうちにやっています。そうなると一番に目を引くのはイラストや写真です。イラストや写真に

◆福田のキャプション例

この名刺に
39の仕掛け
があります

ホント
名刺で人生
変わります

名刺に仕事をさせる
専門家です。「瞬間
伝達名刺の極意」は、
中面をご覧ください。

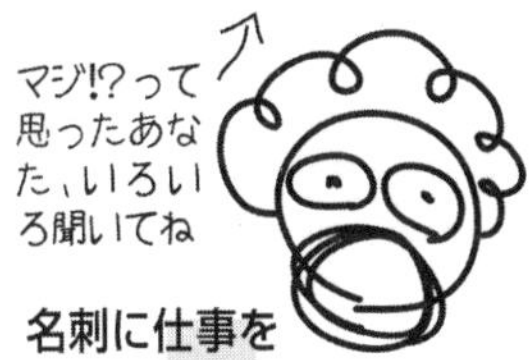
マジ!?って
思ったあなた、いろい
ろ聞いてね

名刺に仕事を
させる専門家
です。この名刺の中
に39の仕掛けがあ
ります。隅々まで、
じっくり読むと…

話ベタでも初対面
で仕事が取れる!
「瞬間伝達名刺」
ver.2008X'mas

話ベタでも初対面
で仕事が取れる!
「瞬間伝達名刺」
ver.2009.03～

このようにキャプションを変化させることで
名刺のツカミを実験してきました

注目した後、その周辺情報をとらえてから左上から読み進める。そんな目線の流れになっています。ですから**イラスト・写真にキャプションを加えることで、あたかもあなたが話しかけているように、メッセージを伝える効果を生み出すことができるんです。**

もっと言えば（今までの話を混乱させるかもしれませんが）、キャプションを有効に使うことで、NG要素を含んだイラストや写真も活かすことが可能です。笑いの要素を取り入れると、さらに効果倍増です。それだけキャプションにはすごい効果があるんです。

気の利いたキャプション一つで、イラスト・写真は輝きを増します！

知らず知らずに自分と仕事に対して興味を持ってもらう

自分と仕事に興味を持ってもらうために必要なことは「何のために今の仕事をしているのか」という使命や志です。使命と志に関しては第5章に詳しく書きますが、ここでは使命や志がもたらす2つの効果について書きます。

一つ目は、**自分の想いがブレることなく相手に伝わります。**そのため、**名刺を受け取った相手のマインドシェア（心の占有率）を高めることができます。**連絡したい人の優先順位と言い換えてもいいでしょう。

名刺交換を価値観交換の場へ
名刺は"命使"
名刺はあなたの分身です
office 大福
仕事の取れる名刺の専門家
福田 剛大 ふくだ たけひろ
スグ連絡つきます
たまに出られずすみません
移動オフィス：090- -
E-mail：takehiro.fukuda@shunkan-dentatsu.com
引越しました
〒183-0005 東京都
TEL＆FAX：042- -
※スキャナーで読み取れない名刺ですみません
長男が3才の時に描いた僕の似顔絵です
www.shunkan-dentatsu.com
命使
瞬間伝達
名刺の専門家

自分が何者なのか名乗る

お客様に何か困ったことがあった時に、相手の頭の中に「○○といえば□□さん」という、あなたの存在がパッと頭に浮かんで、連絡がくる可能性が上がるということです。最近の**「脳内検索」**という言葉の方がイメージしやすいでしょうか。

このようにマインドシェアが高い相手には、必然的に仕事の相談や問い合わせが増えるのは明白ですね。

そして二つ目は、**相手に対しては信頼を、自分に対してはそれを守る人間だという2つの約束を宣言（コミットメント）することを可能**にします。

私の場合「名刺の専門家である」と書くことで、相手には名刺のことなら何でも相談しても大丈夫！　と宣言しています。

そして、自分に対しては「名刺の専門家」として生きていかなければいけない行動規範としての役割が生まれます。

名刺の専門家と宣言してから、名刺をつくってから1ヵ月以内に自著の出版を決めたり、名刺交換だけで50万円のコンサルティングの仕事を受注できた方など、たくさんの成果を出すことができました。

また、厳しい経営状態の経営者の方が、こうなりたいと思う状態を名刺に書いたところ、3ヵ月で好転してきた例もあります。

相手に自分ができることを伝えると同時に、自分もできることを宣言したからには、やらざるを得ない状態をつくり出すことができる効果です。

まさにブレない生き方を可能にします。名刺を渡した相手から「福田さん、最近名刺の仕事がんばってないね」なんて言われたくないですからね。

✪名刺のクレド（信条、志）効果

行動規範という意味では、名刺はクレドとしても活用できます。クレドとはラテン語で信条、志の意味です。名刺大の用紙にしてクレドを持つことで仕事を改善したり、モチ

◆名刺のクレド例

ステージに合わせた伴走者――
それは、私自身が一番欲しい
ビジネスを向上させる推進力だからです

「起業支援」＝起業・開業セミナー／開業手続き
×
「業務支援」＝流出客の防止／営業セミナー

現在、行政書士として数多くの企業様を支援しておりますが、そもそもこの職業を知ったきっかけは「カバチタレ」というマンガでした。弱者を法律で救う主人公のようになりたいという想いから、私が会社の成長のために貢献できることは何かを考え、実践しています。多くの経営者の悩みは「自分を理解して、適切なアドバイスをくれる人がいない」ということです。私があなたの伴走者として、事業を成長させるお手伝いができればうれしいです。

弱者を救うことを宣言している

名刺は“命使”

「自分の命をどのように使っていくか」が「使命」なんです

自分自身の使命を名刺で瞬間伝達すれば人生は輝きます

● 数年前、精神的ストレスのためコミュニケーションに悩み、休職・転職・病院通いの日々でした。そんなある日、子供の寝顔を見ていて「この子のためにかっこいい父親でいたい」という想いから復活し、自分が何のために生きているのかを伝えるツールとして、たどりついたのが「瞬間伝達名刺」です。今では、名刺交換24枚に1件、仕事が取れる高確率営業ツールとして、話ベタな営業マン、フリーランス業、士業、コンサルタント、保険代理店業など、自己ブランディングが必要な方々を強力にサポート。名刺交換だけで仕事がとれる世の中にするのが夢です!

24人に1人渡すだけで
仕事が取れる「絶対受注名刺」
(7月2日発売!)

名刺交換だけで仕事が取れる世の中にすることを宣言している

ベーションを上げたりしている企業も増えています。

なぜ今クレドが注目されているかというと、社員一人一人が考えて行動することで、生き生きとした職場を、仕組みとしてつくることが求められているからです。

失礼ながら現状では、リッツカールトンホテルがうまくいっているから、自分達も導入してみようといった右に習え的な企業が多いのではないでしょうか？　形だけ模倣してもうまくいかないのはわかりますよね。しかし、クレドはあるが全くホコリまみれだよという場合でも、成果を出す方法があります。

それは名刺に書いて配る。さらに、機能していない会社のクレドを、自分レベルまでに落としてみることです。これだけで意識や行動が変わってきます。

理由は、**全くの赤の他人に、自分のことをチェックしてもらえる**からです。

私も「福田さん、春に本出るって書いておいて、いつ本出るの？」と言われ続けることで何とかこの本を世に送り出せることになりました。相手に伝えることで、必然的に自分を行動させる仕組みになるのです。

さらに、目標達成ツールとしても名刺が使えます。直近の目標を日付入りで、名刺に書

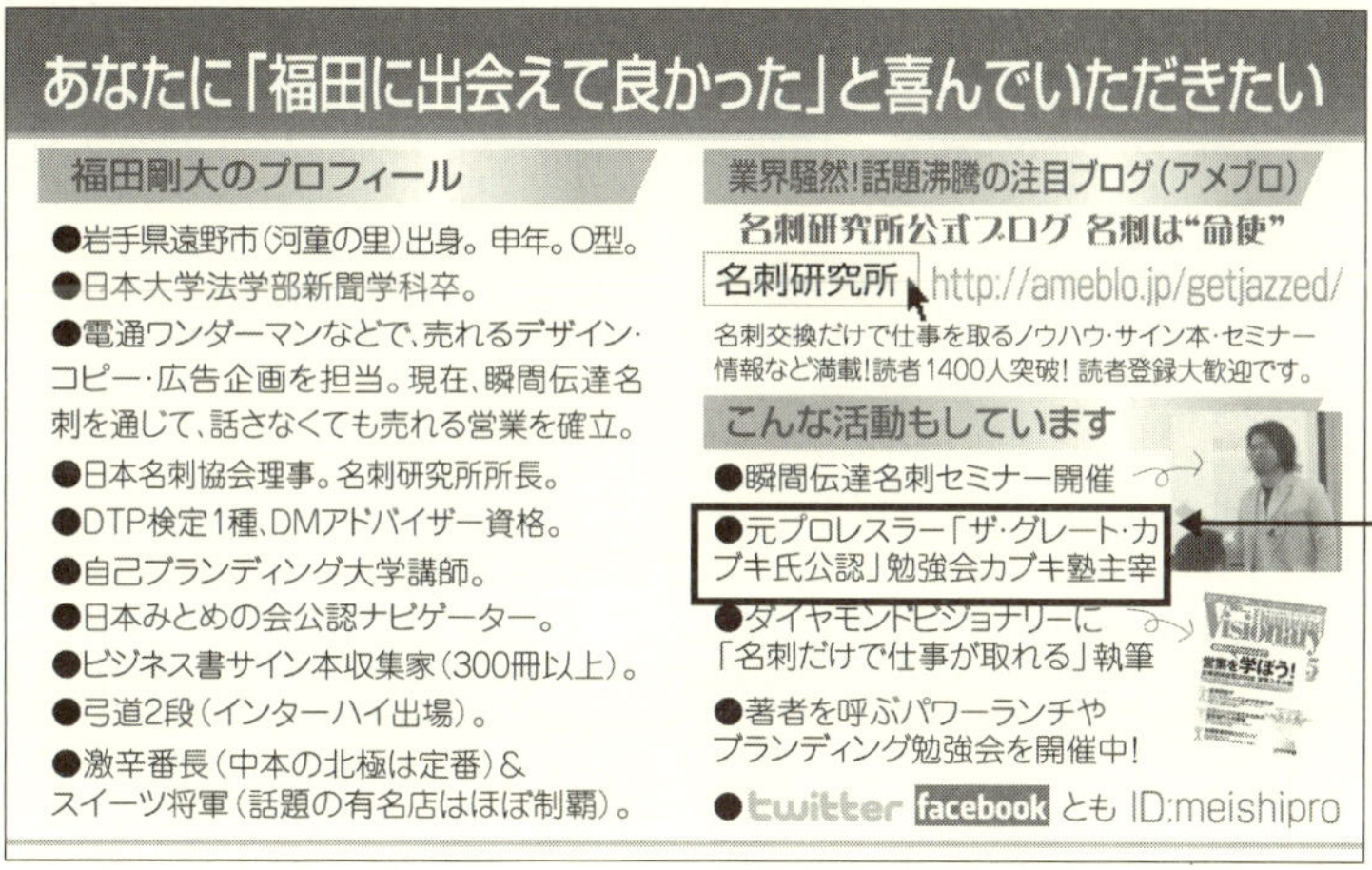
あなたに「福田に出会えて良かった」と喜んでいただきたい
福田剛大のプロフィール
●岩手県遠野市(河童の里)出身。中年。O型。
●日本大学法学部新聞学科卒。
●電通ワンダーマンなどで、売れるデザイン・コピー・広告企画を担当。現在、瞬間伝達名刺を通じて、話さなくても売れる営業を確立。
●日本名刺協会理事。名刺研究所所長。
●DTP検定1種、DMアドバイザー資格。
●自己ブランディング大学講師。
●日本みとめの会公認ナビゲーター。
●ビジネス書サイン本収集家(300冊以上)。
●弓道2段(インターハイ出場)。
●激辛番長(中本の北極は定番)&スイーツ将軍(話題の有名店はほぼ制覇)。
業界騒然!話題沸騰の注目ブログ(アメブロ)
名刺研究所公式ブログ 名刺は"命使"
名刺研究所 http://ameblo.jp/getjazzed/
名刺交換だけで仕事を取るノウハウ・サイン本・セミナー情報など満載!読者1400人突破! 読者登録大歓迎です。
こんな活動もしています
●瞬間伝達名刺セミナー開催
●元プロレスラー「ザ・グレート・カブキ氏公認」勉強会カブキ塾主宰
●ダイヤモンドビジョナリーに「名刺だけで仕事が取れる」執筆
●著者を呼ぶパワーランチやブランディング勉強会を開催中!
●twitter facebook とも ID:meishipro

カブキさんの名前を出すことで勉強会の話をすることがスムーズにできます

いて渡すことで、他人にチェックさせてしまう方法です。名刺を渡した手前、もうやらなきゃいけないといった感じで、自分を追い込んで達成させるのです。

名刺に自分の生き方を書いてクレドとして配りましょう！

専門家になるのは簡単！

○○の専門家って簡単になれます。

専門家になるために、必要な資格や試験はそう多くはありません。

そのため、誰でも○○の専門家と宣言した時点から専門家です。早い段階で興味あること、好きなこと、趣味などで「私は○○の専門家です！」と名乗ってみましょう。

また、専門家を名乗った以上、知らないことやできないことがないようにと、さらに自分自身を高めていこうともっと努力します。専門家宣言は、専門レベルを上げるチャンスです。ただし、専門家を名乗るだけで終わるのではなく、実績や活動を伝えていかなければいけません。私はこれまでいろんな形で名刺勉強会を開催してきました。

それを名刺で伝えているのですが、「元プロレスラー、ザ・グレート・カブキ氏公認カブキ塾主宰」と書いたところ、反響も大きく、一番突っ込まれています。

「このカブキ塾って何ですか?」という質問に、「カ・ブ・キとは（カ）感謝しながら・（ブ）不器用でも・（キ）気楽に行っている名刺勉強会の頭文字です。たまたまカブキさんのお店で飲んでいる時に、勉強会を主宰している話しをし、今の頭文字の話をしてお願いしたところ、カブキさん公認になったんです」というエピソードを話しています。

この話をするだけで名刺交換がものすごく盛り上がります。そして、その後の勉強会にも自分と価値観のあったすばらしい仲間がきてくれるようになりました。

このように、自分の好きなことで専門家宣言をすると、人生が楽しくなりますよ！

これで自分と仕事を理解してもらえる！

「福田さんって何やっている人ですか？」これは独立直後に必ず聞かれた質問です。そこから名刺を改良してきたことで、今では「福田さんって、本当に名刺だけで仕事してるんですか？　すごいですね」と聞かれています。

専門性をはっきり打ち出すことで、相手の質問が具体的になります。単なる雑談だけの名刺交換が、自分の存在価値を伝達する場にすることができるのです。仕事内容を理解してもらうためには、自分の事業内容を伝える必要があります。ポイントは2つです。

・事業内容ごとに名刺をつくる
・串刺し言葉でまとめる

理想なのは事業ごとに名刺をつくることです。そうすれば、言いたいことが分散することなく伝えられます。しかし、予算や時間がない場合は、一番仕事を取りたい事業を絞り込んで最初の1枚をつくるのがいいでしょう。とにかく、あれもこれも並列に記載しないことです。自分の立場で考えてみればおわかりだと思いますが、いっぱい事業内容を書かれた名刺をもらっても、結局この人は何をやる人なのか、ひと目で理解できないのではないでしょうか？

そうはいっても、どうしても1枚の名刺で事業内容をアピールしたい場合は、なぜこのような事業を多岐にわたっているのか、その理由を表すキャッチコピーを書いてから、事業内容を書いてください。一見バラバラな事業に、やきとりのように1本串を刺す言葉（串刺し言葉）を入れるだけで、事業にかける想いが伝わりますよ。

自分のことをわかってくれない。商品・サービスの特徴をわかってくれない。事業内容をわかってくれない……。**わかってくれないの裏側には「わかりにくい」が隠れています。**わかりやすく情報をまとめて、瞬時に伝えることを心がけてください。

✪メラビアンの法則を疑え！

メラビアンの法則について、イメージコンサルタントの方の話を聞いたことがありました。

「第一印象は見た目で7割は決められてしまいます。第一印象は一回限りのものですから、そこで失敗するとリカバーするのがむずかしい。だから、好印象を持たれる努力をしましょう」という感じでした。メラビアンの法則とは、人の行動が他人にどのように影響を及ぼすかというもので、話の内容などの言語情報が7%、口調や話の早さなどの聴覚情報が38%、見た目などの視覚情報が55%の割合であるという心理学の法則です。

確かに見た目が不潔な人は、残念な印象を持たれてしまうことには異論はありません。ただ疑問に思ったのが、**第一印象で失敗したとしても、相手の気持ちがわからないのに、どうやってリカバーしていけばいいんだろう**ということでした。法則を持ち出して、外見だけを整えることだけでは根本的に解決しないのではないかと思いました。

そこで、全く見ず知らずの方に「私の職業、私の好きなもの・趣味、弱点」を見た目だけで判断してもらったのです。職業や趣味は「中古レコード屋の店長や、ガンダム好きそう」などなど、見た目からいろんな情報を読み取っているんだなあと、ひたすら関心する面白い意見がでました。

そこまではよかったのですが、困ったのが弱点です「朝弱そう、会社勤めできなさそう」など、ちょっと待ってくれ！　オレのどこでそんな判断をすんだ！　と言わんばかりのネガティブな意見をいただきました。

質問をした方の回答の傾向は、だいたい似たようなものでした。「朝弱い」ということは、何か仕事に対する意欲がなさそう、生命力が弱そう、そんなイメージでしょうか。「会社勤めできなさそう」は、社会的不適合者の烙印を押されたような感じで凹みました。よく言えば自由人、悪く言えばちょっとやっかいな人間として見られていることがわかりました。

これに対して反論したいのが人情です。

自宅で作業しているので、仕事ができる時間が子供が寝ている時間帯に限られています。そのため、朝は仕事タイムで起きていることが多いのです。

しかし、子供は意味もなく朝5時に起きてくるので、そこから気分転換も兼ねて子供と散歩に出かけていました。だから「オレは早起きで、ちゃんとした人間だ！」と、どうにかして主張したくなりました。

そこで、「朝5時に起きて、近所の山を子供と散歩しています」と名刺に書いたところ、「意外に福田さんって早起きでちゃんとしているんだ」と印象づけることに成功しました。

名刺は第一印象を覆すことができます。自分の弱点だと思われている部分を踏まえた

上で、それを覆すエピソードを名刺に載せてください。

そうすれば、第一印象で持たれる悪いイメージを帳消しにすることが可能です。

連絡先をパッと伝えて果報を待つ

当たり前ですが、連絡先が小さいと読めませんよね。小さすぎるものは「自分に連絡してくるな」といっているようなものです。名刺で仕事を取る視点からいえば、連絡先の表記は、レイアウトが格好良い悪いという判断ではなく、**読みやすい大きさ、もしくは目立つものがベスト**です。

お客様が40代以降の方が多い場合、大きい文字で太くしてあげるだけで喜ばれます。名刺を渡す相手を意識して、連絡先が小さくないか、読みづらくないか気にかけてくださいね。

チェックポイント　特に電話番号とeメールが重要。大きい、太い、色が違う、別枠でレイアウトされているかどうかチェックしてください。また、相手にネット検索されやすいように「瞬間伝達」のようなキーワードを表記しておくのも親切です。

◆連絡先と検索ワード例

名刺交換を価値観交換の場へ
名刺は"命使"
名刺はあなたの分身です
+office 大福
仕事の取れる名刺の専門家
福田 剛大 ふくだ たけひろ
スグ連絡つきます
移動オフィス：090- -
たまに出られずすみません
E-mail：takehiro.fukuda@shunkan-dentatsu.com
引越しました
〒183-0005 東京都
TEL＆FAX：042- -
※スキャナーで読み取れない名刺ですみません
長男が3才の時に描いた僕の似顔絵です
www.shunkan-dentatsu.com
命 使
瞬間伝達
名刺の専門家

まず自分と仕事を理解してもらう第1面

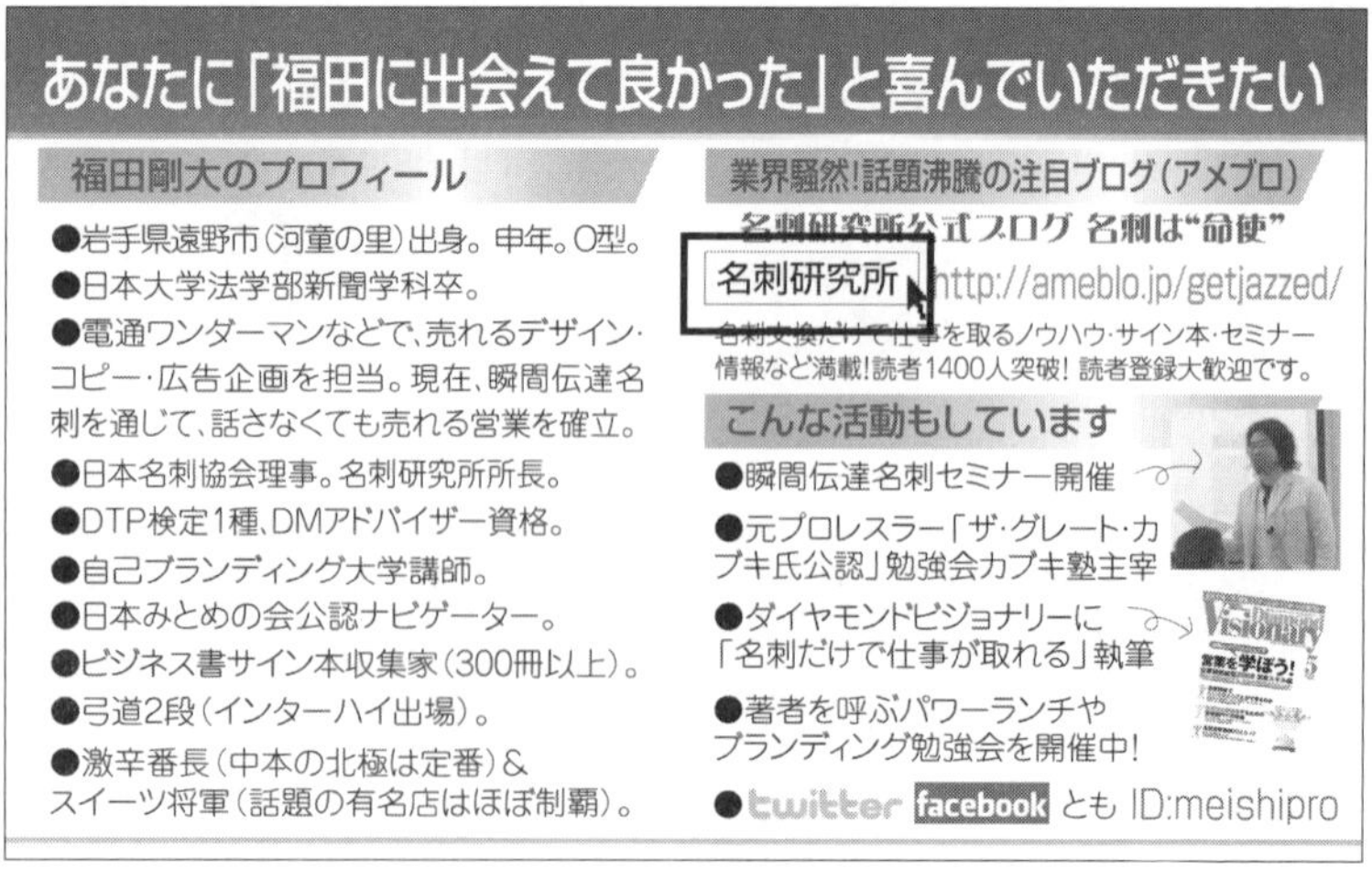

あなたに「福田に出会えて良かった」と喜んでいただきたい
福田剛大のプロフィール
●岩手県遠野市(河童の里)出身。申年。O型。
●日本大学法学部新聞学科卒。
●電通ワンダーマンなどで、売れるデザイン・コピー・広告企画を担当。現在、瞬間伝達名刺を通じて、話さなくても売れる営業を確立。
●日本名刺協会理事。名刺研究所所長。
●DTP検定1種、DMアドバイザー資格。
●自己ブランディング大学講師。
●日本みとめの会公認ナビゲーター。
●ビジネス書サイン本収集家(300冊以上)。
●弓道2段(インターハイ出場)。
●激辛番長(中本の北極は定番)&スイーツ将軍(話題の有名店はほぼ制覇)。
業界騒然!話題沸騰の注目ブログ(アメブロ)
名刺研究所公式ブログ 名刺は"命使"
名刺研究所
http://ameblo.jp/getjazzed/
名刺交換だけで仕事を取るノウハウ・サイン本・セミナー情報など満載!読者1400人突破! 読者登録大歓迎です。
こんな活動もしています
●瞬間伝達名刺セミナー開催
●元プロレスラー「ザ・グレート・カブキ氏公認」勉強会カブキ塾主宰
●ダイヤモンドビジョナリーに「名刺だけで仕事が取れる」執筆
Visionary
営業を学ぼう!
●著者を呼ぶパワーランチやブランディング勉強会を開催中!
●twitter facebook とも ID:meishipro

キーワード検索用のキーワードをわかりやすく配置

検索結果のほとんどを自分の情報に

「命使」で検索した結果

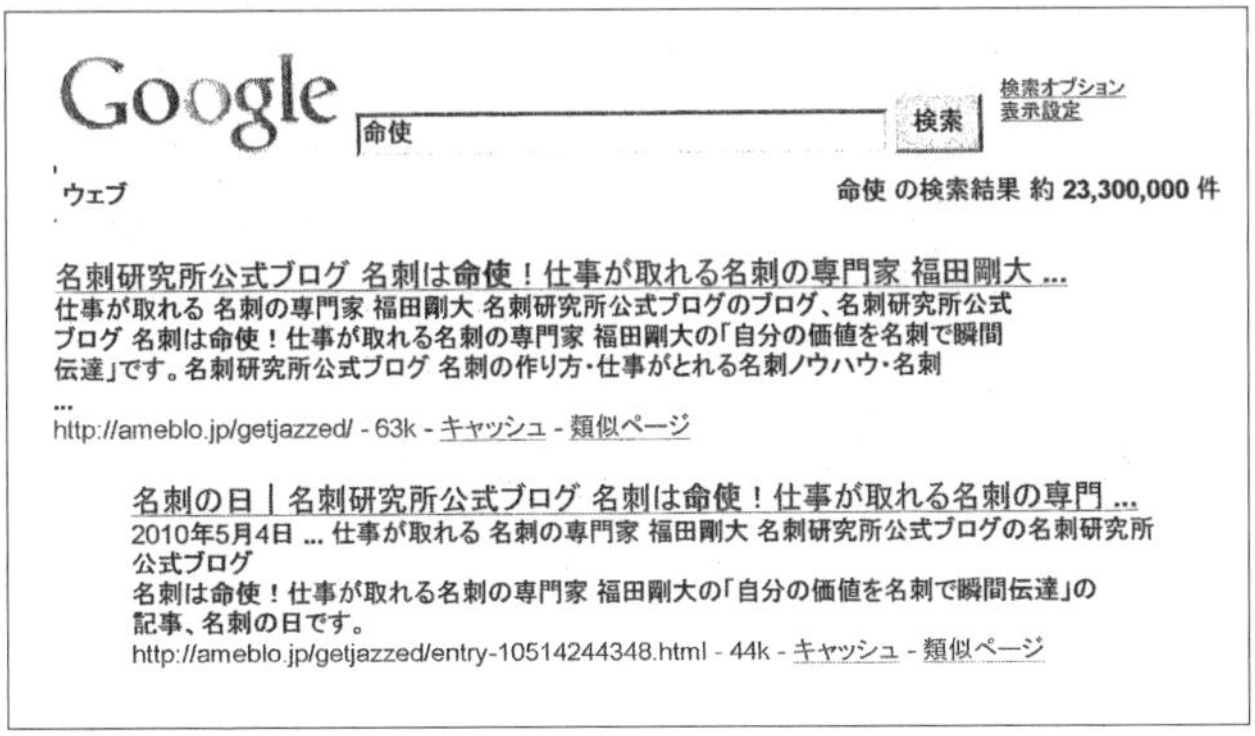

Google
命使
検索
検索オプション
表示設定
ウェブ
命使 の検索結果 約 23,300,000 件

名刺研究所公式ブログ 名刺は命使！仕事が取れる名刺の専門家 福田剛大 ...
仕事が取れる 名刺の専門家 福田剛大 名刺研究所公式ブログのブログ、名刺研究所公式ブログ 名刺は命使！仕事が取れる名刺の専門家 福田剛大の「自分の価値を名刺で瞬間伝達」です。名刺研究所公式ブログ 名刺の作り方・仕事がとれる名刺ノウハウ・名刺
...
http://ameblo.jp/getjazzed/ - 63k - キャッシュ - 類似ページ

名刺の日 | 名刺研究所公式ブログ 名刺は命使！仕事が取れる名刺の専門 ...
2010年5月4日 ... 仕事が取れる 名刺の専門家 福田剛大 名刺研究所公式ブログの名刺研究所公式ブログ
名刺は命使！仕事が取れる名刺の専門家 福田剛大の「自分の価値を名刺で瞬間伝達」の記事、名刺の日です。
http://ameblo.jp/getjazzed/entry-10514244348.html - 44k - キャッシュ - 類似ページ

「名刺の専門家」で検索した結果

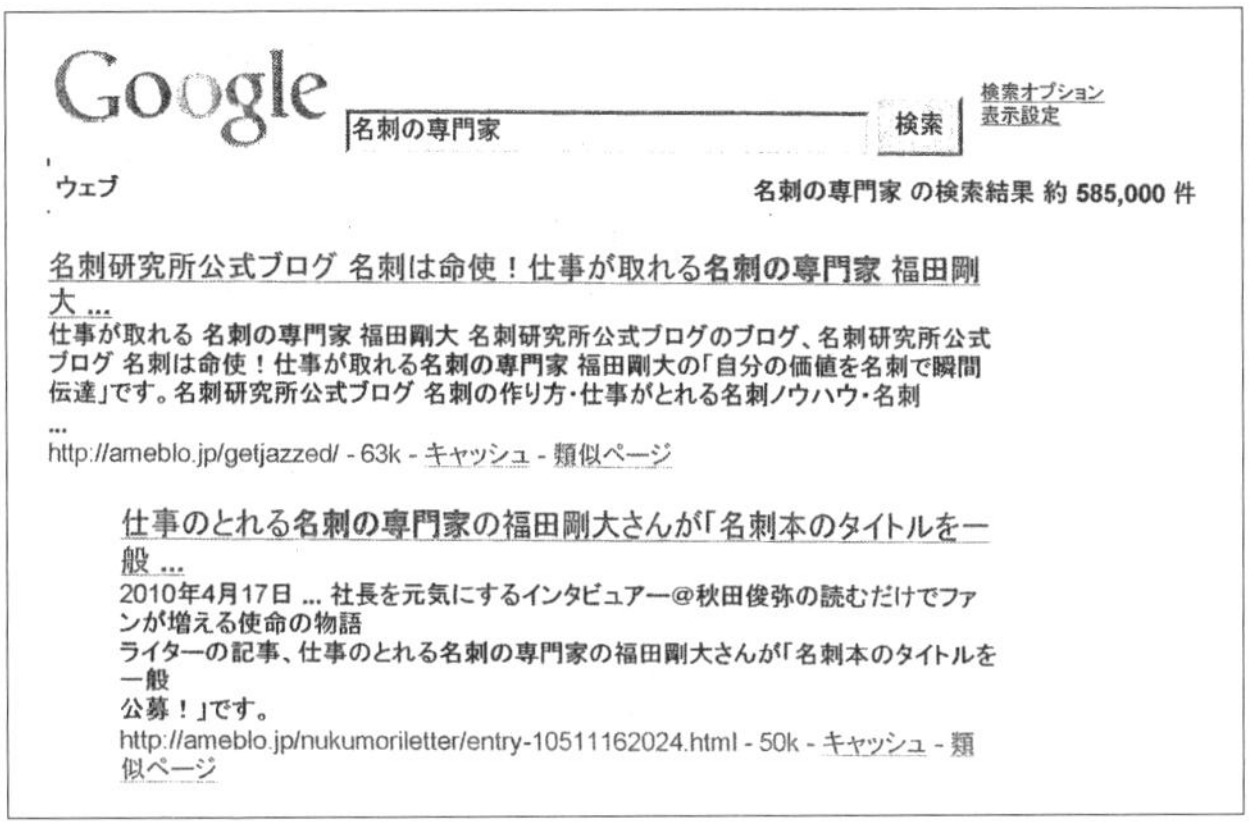

Google
名刺の専門家
検索
検索オプション
表示設定
ウェブ
名刺の専門家 の検索結果 約 585,000 件

名刺研究所公式ブログ 名刺は命使！仕事が取れる名刺の専門家 福田剛大 ...
仕事が取れる 名刺の専門家 福田剛大 名刺研究所公式ブログのブログ、名刺研究所公式ブログ 名刺は命使！仕事が取れる名刺の専門家 福田剛大の「自分の価値を名刺で瞬間伝達」です。名刺研究所公式ブログ 名刺の作り方・仕事がとれる名刺ノウハウ・名刺
...
http://ameblo.jp/getjazzed/ - 63k - キャッシュ - 類似ページ

仕事のとれる名刺の専門家の福田剛大さんが「名刺本のタイトルを一般 ...
2010年4月17日 ... 社長を元気にするインタビュアー@秋田俊弥の読むだけでファンが増える使命の物語
ライターの記事、仕事のとれる名刺の専門家の福田剛大さんが「名刺本のタイトルを一般
公募！」です。
http://ameblo.jp/nukumoriletter/entry-10511162024.html - 50k - キャッシュ - 類似ページ

自分に関するキーワードを入力させることで、
検索結果のほとんどを自分の情報で占めることができる。
誘導がしやすくなる。

現在の名刺には、検索キーワードを４つ入れています。これは検索表示が１位のものではなく、検索表示のほとんどが自分の情報で埋め尽くされているキーワードだということが重要です。

表示結果がほとんど自分の情報だと、検索した方には好印象を与えます。

さらに、検索表示の結果によって順位は変動してしまうために、表示結果のムラを防ぐと同時に、表示結果のどこをクリックしても、自分の媒体に引き込むことができる点が大きなポイントです。

１位の検索ワードよりも、表示結果のほとんどを埋め尽くすキーワードをオススメします。

誰とでも会話を成立させる

名刺交換を断られた経験ってありますか？　名刺交換しない主義の方と、プライバシー情報を教えたくない方の場合は除いて、**名刺を切らしていた理由以外で、私の場合、名刺交換を拒否された記憶はありません。つまり名刺は、チラシやＤＭと違って誰でも受け取ってもらえるツール**だということです。

そうだとしたら、このアドバンテージを最大限活かさない手はありませんよね。

名刺交換した直後は、「さてここから、何を突破口にして会話をしようか」と思っています。会話をするための情報は、名刺そのものか、名刺を渡した人の自身の情報、少し広げて、その場所の周辺情報くらいしかありません。

電話帳名刺から情報を読み取ろうとしても、気の利いたことが言えない私は、毎回何とかしようと思っても、フレンドリーな会話一つできませんでした。

いきなりの初対面で、会社周辺のラーメン屋の話で盛り上がることもありますが、出会い頭の事故のようなものですから、そうそうスマッシュヒットを打てるわけでありません。折角なら、相手の話題にズバッと切り込み、話を広げたいですよね。

話下手な人の場合、そう思ってもあがってしまってなかなか言い出せないものです。

そこで、相手の情報を読み取ることにストレスを感じている状態を改善しようと、名刺に自分が知ってもらいたい情報を書き出しました。

まずは、自分のことを知ってもらい、何らかの接点を探してもらうようにしました。

そうしたことで、あわてることなく、話の内容もブレることなくできるようになりました。

相手からの質問は、ほとんど名刺に書かれていることですから、名刺に書いた内容の答えを用意しておくことで余裕が持てるのです。

このように名刺の内容と答えを準備することは、名刺が**「話下手な人のためのカンニングペーパー」**として機能します。話しが詰まっても、名刺を見ながら話すことは不自然ではありません。落ち着いて話すためにどんどんカンニングしてください。

会話に必要な情報は次の「実績、趣味・嗜好を伝える」で詳しくお伝えします。

実績、興味、嗜好を伝えてグッと近づく

プロフィールを充実させることで、相手との距離感を近づけることができます。

「あれ？　この人と共通項があるなぁ～」って思うと親近感が沸きますよね。

さらに意外な部分でつながっていることがわかると、その場で友人になったりできるために、欠かせない要素になります。

✪血液型・星座・生年月日・干支

これはジャブのような役割です。当然ですがビジネス上で「福田さん、中年なんですね。すごい！」何て言われることはありません。しかし、セミナー後の懇親会などでは、このような情報は結構役立ちます。女性の興味あるものに「占い」がありますが、その項目に当てはまります。占いの話題で盛り上がっている女性グループがいたら、ドンピシャな情報なので話しに参加しやすくなりますよ。

ちなみに私は干支しか書いていません。あえて年齢を考えさせて「中年っていうと今42歳ですか、若く見える！」という言葉を引き出すようにしています（笑）

出身地

これは馬鹿にできません。名刺にプロフィールを書くまで「私は岩手出身です」と、恥ずかしくて言えませんでした。田舎者と思われるのが怖かったんです。今では、堂々と岩手出身でよかったと思っています。**生まれ育った環境は、人に多大な影響を与えています。考え方・文化・人とのつながり…など、自分を形成してきたものだから**です。

同じ出身地というだけで、懐かしく嬉しい気持ちになるのは、自分が生きてきた背景を共有できるからかもしれません。地方ならではのローカルネタは、話が尽きることなく盛り上がります。

「東京に出てきたばかりの時、東北なまりを聞かれるのが嫌で、マクドナルドに入って言葉を出して注文するのが恥ずかしくて、食券の置いてある店しか行かないようにしていた」「小学校の裏山がＵＦＯの秘密基地だとムーに載っていて、探しに行った」そんなコアな話ができるのも出身地が同じ者ならではです。

また、岩手を拡大解釈して、同じ東北つながりだからと発展することもしばしばです。

それと同時に、相手の名刺に行ったことがない場所が書かれてあれば、どんなところなのか聞くことで会話が弾みます。

出身地を書く！　すごい威力です。

✪出身校

単純に同じ学校卒という共通項を与えることに加えて、人脈構築の手段として活かすために掲載します。決して、学歴をアピールするためのものではありません。

学閥という言葉がある通り、出身校によるある種のコミュニティは存在します。出身校で、個人を判断しようとした時代の判断基準は今も残っています。

それでは、東大卒のニートと、中卒で3社経営の社長。どちらのほうが人間的に魅力がある人物に思えるでしょうか。感じ方に差はあるかもしれませんが、中卒社長の方が魅力的に思います。

掲載するポイントは、出身校を基点にして現在の自分とのギャップを印象付けることが最も大事です。私の場合は、法学部卒業なのにデザインを行っている点。また、超一流大学でもないのに転職先が大企業という点に焦点を当ててプロフィールを書いています。

そうすることで今の仕事が引き立ちます。

出身校は、仕事への想いを伝える入り口として機能させましょう。

✪資格、特技

資格は今の仕事を裏付けるものとして、信頼を与えることができます。私の持っているＤＴＰ検定やＤＭアドバイザーの資格は技術を裏付けるために掲載しています

だからといって公認資格にこだわることもありません。私の資格として載せている「自己ブランディング大学講師」は『できる人は自己ブランドを持っている』の著者である遠山英善さんが主宰しているセミナー講師として在籍しているものです。『みとめの3原則』

などの著者である木戸一敏さん主宰「日本みとめの会」、そこでのみとめのナビゲーターも国家資格というわけではありません。**今行っている仕事を補うことができるものであれば何でもいい**のです。

仕事に直結する資格や実績がなければ、自分で○○協会などを立ち上げるもの一つの方法です。

✪趣味、好きなこと

この欄は、自分が興味のあることを伝える場所になります。自分はこれが好き！　これにはまっている！　ことを知らしめることができます。だからといって、ダラダラとすべて書くことはオススメしません。魅力的なプロフィールに見せるポイントは3つあります。

1、箇条書きにする

並列にならべない。箇条書きにすることで思い入れ度が伝わります。

2、具体的にすればするほどこだわり度がわかります。

普通にラーメンよりは、○○店のしょうゆトンコツちょい固めが好き、など。

3、実績をプラスすることで専門性もアピールすることができます。

早朝ランニングだけでもすごいですが「早朝ランニング歴15年、毎年ホノルルマラソン完走しています」とすると、走りにこだわっている印象が強調されます。

（例）

× 趣味・競馬・お酒・ガンダム・読書・ラーメン・激辛好き・スイーツ

↓

○ 趣味・競馬（競馬歴20年、元競馬グッズ商品企画、ここ5年黒字決算）
・お酒（二日酔いしないので焼酎派。レッドアイにタバスコが最高！）
・ガンダム（リックドム派です！　じつはダンバインとエルガイムの方が好き）
・読書（ビジネス書のサイン本ざっと300冊以上。ブログ見てね）
・ラーメン（大阪ラーメン○○ラーメン○○のあぶりチャーシュー麺にはまっています）
・激辛好き（○○ラーメンの北極レベルは余裕です）
・スイーツ（都心の有名店はほとんど制覇！　オススメはそっと教えます）

ここまでくると、かなり人と生《な》りが明確に見えるのではないでしょうか？　じつは私も○○好きです！　この人かなりインドア派だな、今度連れてって欲しい…など何かしら話してみたくなりますよね。ちなみに、私の好きなものを前ページで例にあげてみました。

プロフィールを彩るテクニックとして、**さりげなく自慢した部分は（　）カッコ書きで強調**してください。いろいろ試した結果…でも、→でもなく（　）カッコ書きで書かれたものが読みやすく、相手に詳細な内容を伝えることができました。**こだわりは（　）カッコ書きで強調！**


ここまでで、たくさんのプロフィールのアイディアが出てきたのではないでしょうか？

そのアイディアを仕事に結びつけるためのポイントが1つだけあります。それは、自分が付き合いたいお客様が、喜びそうなものに絞ることです。

そのポイントを押さえていれば、どんなジャンルの話題でもＯＫです。


以上プロフィールについてのポイントを書いてきましたが、一度書いたからといってそのままにしないでください。

相手が話しかけてきたところを残して、反応がない部分ははずしていく。この作業を繰り返して磨きをかけてください。自分がこれはウケるだろうと思ったところが全く反応ない場合は、さりげなくこれってどう思います？　と人に感想を聞いてもいいですね。名

◆趣味の例

あなたに「福田に出会えて良かった」と喜んでいただきたい

福田剛大のプロフィール

●岩手県遠野市(河童の里)出身。申年。O型。
●日本大学法学部新聞学科卒。
●電通ワンダーマンなどで、売れるデザイン・コピー・広告企画を担当。現在、瞬間伝達名刺を通じて、話さなくても売れる営業を確立。
●日本名刺協会理事。名刺研究所所長。
●DTP検定1種、DMアドバイザー資格。
●自己ブランディング大学講師。
●日本みとめの会公認ナビゲーター。
●ビジネス書サイン本収集家(300冊以上)。
●弓道2段(インターハイ出場)。
●激辛番長(中本の北極は定番)&スイーツ将軍(話題の有名店はほぼ制覇)。

業界騒然!話題沸騰の注目ブログ(アメブロ)

名刺研究所公式ブログ 名刺は"命使"

名刺研究所 http://ameblo.jp/getjazzed/

名刺交換だけで仕事を取るノウハウ・サイン本・セミナー情報など満載!読者1400人突破! 読者登録大歓迎です。

こんな活動もしています

●瞬間伝達名刺セミナー開催
●元プロレスラー「ザ・グレート・カブキ氏公認」勉強会カブキ塾主宰
●ダイヤモンドビジョナリーに「名刺だけで仕事が取れる」執筆

●著者を呼ぶパワーランチやブランディング勉強会を開催中!
●twitter facebook とも ID:meishipro

激辛は男性に、スイーツは女性にウケがいいので話題にこと欠かない

佐藤 善久(さとうよしひさ)のプロフィール

デジタルを駆使した、次世代ジュエリービジネスの先駆者

3次元CADでデザインした光造形を使ったオーダーリフォーム技術が注目され、新聞・雑誌・書籍・TVの取材が殺到。大手宝飾メーカー・東証一部上場企業との取引を開始する。また、インターネットビジネスを早期に取り入れ、楽天市場の人気ジュエリーショップとなり、デジタルを駆使したジュエリー販売の先駆者としての地位を確立。そして、デザインした作品が(社)日本ジュエリー協会主催「ジュエリーデザインアワード2006」第3部門に入選。大手タレントモデル事務所(株)オスカープロモーションが展開する「STA★COLLE」で、唯一のジュエリー指定販売代理店に指名される。

1964年生まれ 東京都豊島区出身 法政大学経営学部卒業
好きな物/リッツカールトンのラウンジで飲むコーヒーは最高、ざるそば、80's(ジェームス・テイラー、イーグルス、カーペンターズ、レッド・ツェッペリン)

リッツカールトンというキーワードで話がはずみ、その後一緒にコーヒーを飲みに行くきっかけに

刺をこう考えてつくったという手の内を明かすと面白がっていろいろと意見をもらえます。仮説の検証になるので「そう思われていたのか！」という意見はさらに思いもしないアイディアを生み出します。こわばった表情ではなくて、楽しんでやってみてください。

ちなみに私は、本業なので当たり前ですが、どこかしら手を加えて１００枚に1回必ず変更しています。

次のステップにつなげるためのひと言

名刺から相手にどのようなアクションをしてもらいたいのか、出口を考えましょう。
名刺を渡して、はい終わり！　ではないですよね。
ブログやホームページを見てもらいたい。
メルマガに登録してもらいたい。
ＱＲコードを登録してもらいたい。
資料やサンプルを請求してもらいたい。
来店してもらいたい。
セミナーや勉強会などに参加してもらいたいなど、あなたの目的があるはずです。

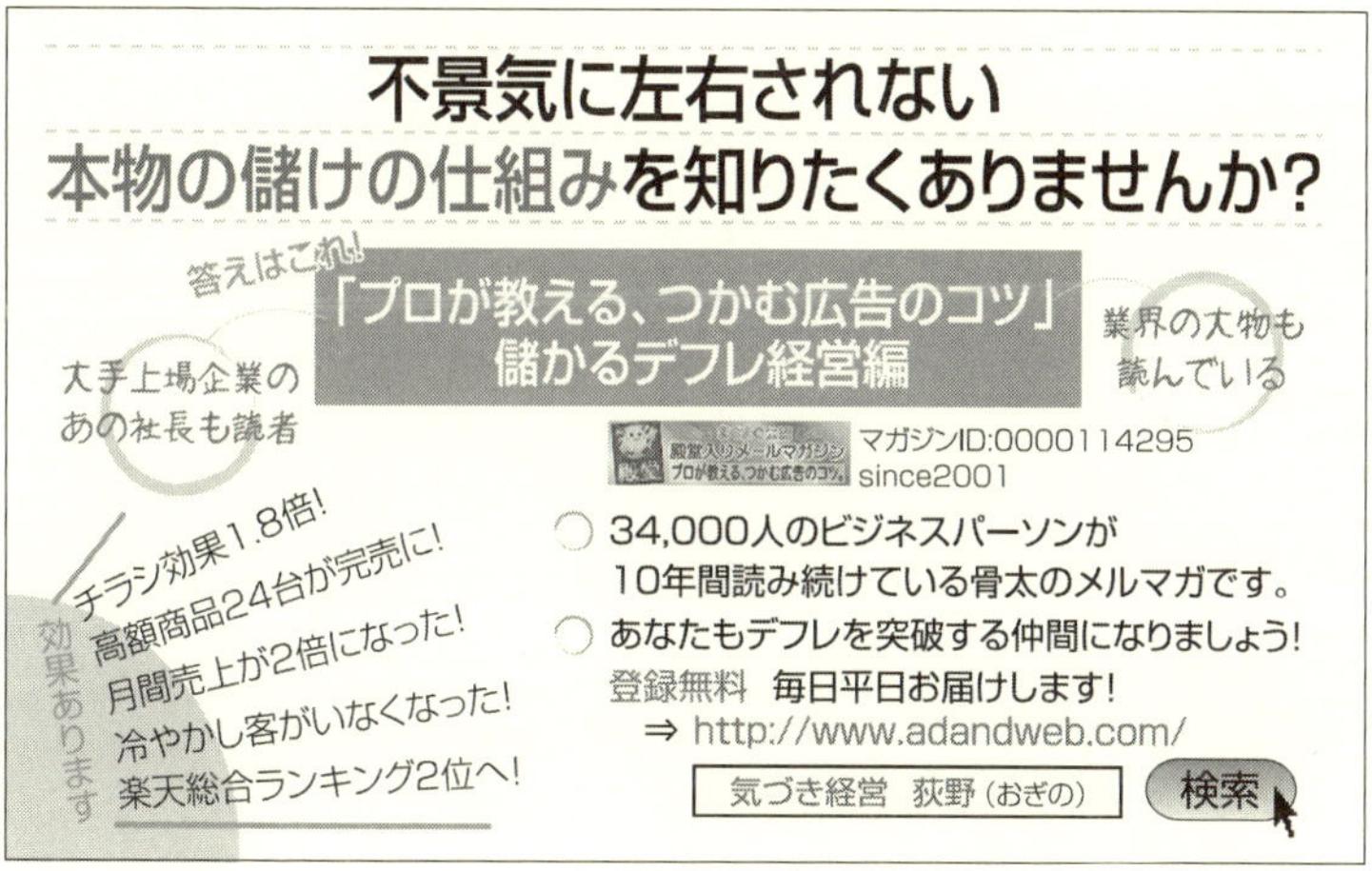
不景気に左右されない
本物の儲けの仕組みを知りたくありませんか?
答えはこれ!
「プロが教える、つかむ広告のコツ」
儲かるデフレ経営編
大手上場企業のあの社長も読者
業界の大物も読んでいる
殿堂入りメールマガジン
プロが教える、つかむ広告のコツ。
マガジンID:0000114295
since2001
効果あります
チラシ効果1.8倍!
高額商品24台が完売に!
月間売上が2倍になった!
冷やかし客がいなくなった!
楽天総合ランキング2位へ!
34,000人のビジネスパーソンが
10年間読み続けている骨太のメルマガです。
あなたもデフレを突破する仲間になりましょう!
登録無料　毎日平日お届けします!
⇒ http://www.adandweb.com/
気づき経営　荻野（おぎの）
検索

裏面すべて、メルマガ登録の案内の目的がはっきりしている名刺

その目的を達成するためには、名刺を渡した相手が、自分が望むような行動をさせる必要があります。

「ご相談ください」「お問い合わせください」といった行動を促す一文を書いてください。

さらにスペースが許せば、相談するメリットを合わせて書くと、名刺から仕事が取れる率がグンと上がります。

チラシやDMを作成するのと同じように、きちんと出口を用意することで、名刺が営業ツールとして威力を発揮します。

後日、名刺以外のものを送る場合には、その場で許可（パーミッション）を得ると

開封率が高まります。

名刺交換をした方だから、お互いわかっているだろうと、お礼メールの替わりにいきなりメルマガを送ってくる方がいますが、直感的に売り込まれてしまうという負の感情を抱かせてしまいます。

「勝手に送りつけられた」と「送ってきてくれた」は違います。

相手を自分の望む出口に誘導するためには、名刺交換の場を最大限に活かす必要があります。

次に、失敗しない名刺交換についての話しをします。

その場で仕事を依頼される名刺交換の極意

名刺交換はAIDMAが機能する

営業やマーケティングの本を読めば「AIDMAの法則」は一度は聞いたことがあると思います。

人は〈A…Attention（注意）、I…Interest（関心）、D…Desire（欲求）、M…Memory（記憶）、A…Action（行動）〉という感情の段階を踏んで購入に至るといわれる法則です。ＡＩＤＭＡの法則がビジネス書で引き合いに出されるのは、お客様視点で購買感情の変化を説いたところが特徴だからです。

ＡＩＤＭＡが提唱された時代にはインターネットがないので、今の時代とマッチしていないと思われがちですが、名刺交換の場ではまだまだ現役なんです。

しかも、すでに目の前には必ず相手が立っていて、名刺を受け取る準備までしてくれています。そこで、

A…相手の注意を惹く名刺を差し出す

↓

I…何だこの名刺読んでみたい！　こんな面白いことしているんだ！

↓

D…この人といろいろと話してみたい。

↓

M…何だか素敵な出会いだったな。

↓

A…ちょっと連絡してみよう（ネットで検索してみよう）。

という流れにもって行きやすいのです。

この流れは模範的なもので、実際にはこんな直線的にスムーズにいくのは難しいかもしれません。

しかし、この感情の流れを引き起こす上で、名刺が基点になっていることがわかってもらえるでしょう。

名刺交換で大事なのは、マナーや見た目の印象以上に、それをなお補完して余りある、相手の心をつかむ名刺そのものなのです。

忘れたころにやってくる名刺のサブマリン効果

「福田さんの名刺よくよく見たら岩手県出身だったんだね。私も岩手なんですよ、今度会いませんか？」

こんな電話がかかってくることがあります。かかってくるタイミングは1週間以内が多いのですが、時として名刺交換から半年後という場合があります。

何で今頃と思いながら理由を聞くと、

「名刺の印象があって、ずっと気になっていた」

「名刺スキャナーで読み取れなくて、何だこの名刺は！　と、よく見たら面白かった」

「新規事業で福田さんに合いそうなものがあるので、ちょっと話を聞いて欲しい」

という内容でした。

名刺交換から日が経っているのに、ずっと覚えてもらえてたなんて嬉しいです！

私はこのような状態を**「名刺のサブマリン（潜水艦）効果」**と呼んでいます。名刺交換の日を境に潜水艦のごとくどっぷりと海底深くに潜伏し、ある日海面に上がってくる（連絡がくる）からです。

これは名刺の鮮度が長い状態です。名刺の鮮度とは、名刺を差し出した瞬間から相手と別れるまでの時間です。場合によっては3秒程度で終わってしまうほどとても短いものです。

だからこそ、**名刺に工夫を施こすことで、半年も鮮度を保つことができる**のです。

さらに鮮度を保つために、定期的に会えるような仕掛けをしています。

それは、**名刺をスタンプカードとして活用**するというものです。

私の場合、3回にしていて、ちょっとがんばれば達成できるようにしています。

この意図は、物珍しさをアピールすることではなく、名刺を渡した相手が「ひょっとし

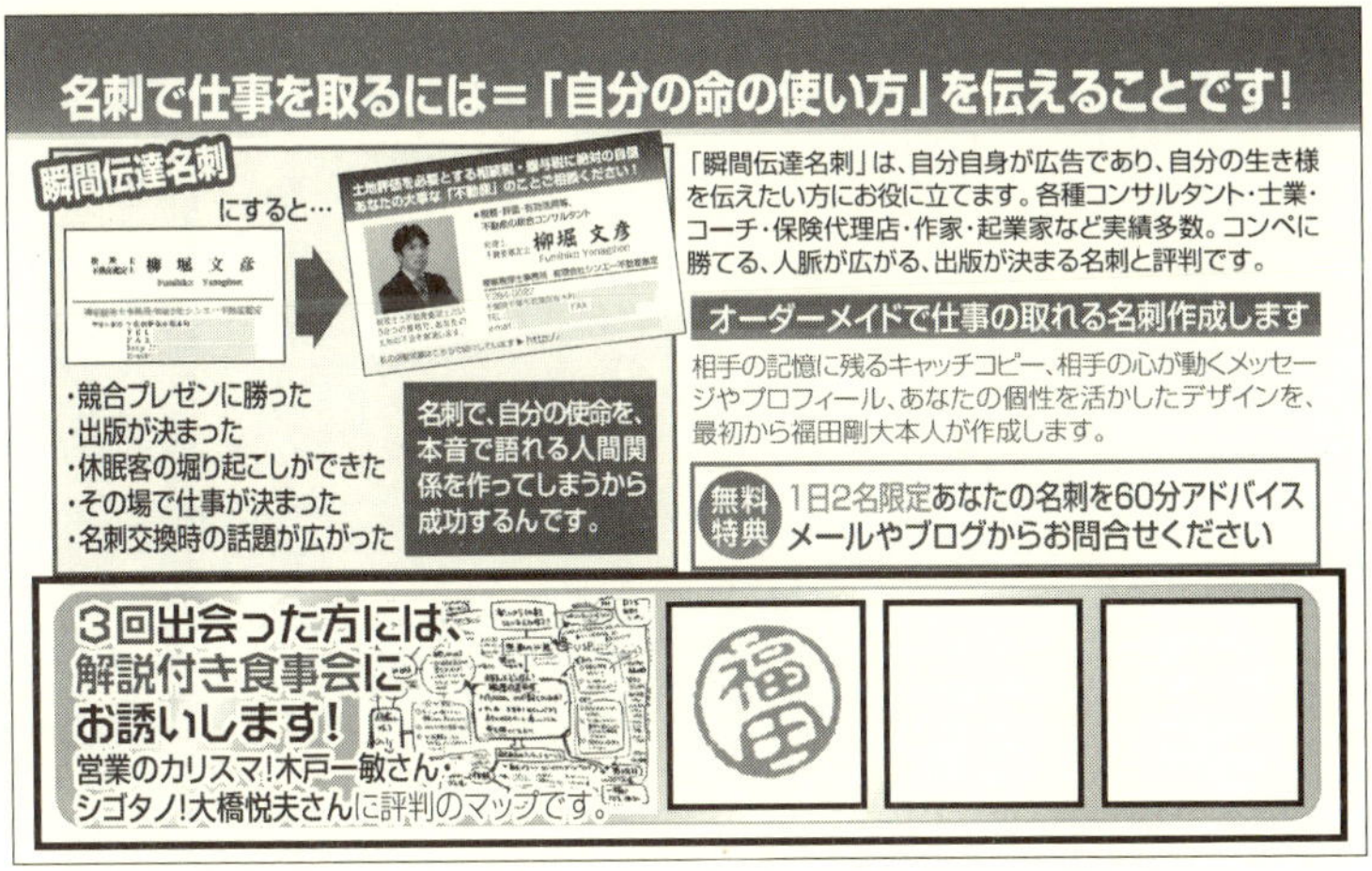

スタンプカードとして名刺を活用することで
捨てられない名刺に

たらこのセミナーに福田がきているかな？」と思ってもらい、私を**思い出してもらえるきっかけとして機能させています。**

勘が当たった人はにんまり。

「あれ、福田さんいたの？」という方にはちょっとだけ悔しがっていただいて、「それじゃ、（スタンプ）ツケておきますね」と話のきっかけにもなります。

ちなみに、3回スタンプが貯まった方はどうなるか？

私の独自ツールであるサークルマップの作り方を教える食事会にお誘いします（けど、おごりません）。

名刺交換は価値観交換

「ピカもん」という、若手漫才師の成長を描いたマンガがあります。その描写の中に名刺交換の極意が描かれてあるので、セリフを抜き出してみました。

師匠1「もう少しやさしくできねえのかよ？　おまえの肩もみは力任せなんだよ！」
ヒカル「なんやねん　文句ばっかり　凝っているから痛いんやろ！」
師匠1「あででっ!!　まったくおまえの作る漫才と一緒だな　力技であつかましい　ホレ　あいつを見てみろ」
師匠2「あー気持ちいい　文太は上手だなー」
文　太「小《ち》っちゃい頃　よくおじーちゃんの肩もみをしてたからね」
師匠1「ありゃ天然だが　人の喜ぶツボを知ってやがる　〝お笑い〟も同じだ　客が笑うツボを理解するこったな」
ヒカル「Ｋ・Ｙ《空気を読む》みたいなもんか？」
師匠1「バカヤロオ！　それは素人《しろうと》の考えだ　芸人ってのはＫ・Ｔだろ」

ヒカル「K・T?」
師匠1「K・T《空気を作る》だよ　芸人と客の間には舞台っていう境界線でもある　まずはそれを取っぱらう事だ　客と対話し　イジって懐《ふところ》に入り込め　笑える環境を作ってやれ　そのお膳立《ぜんだ》てができて　初めて客は心の境界線を越えられる　客を笑わせてやろうじゃない　客と一緒に笑うんだ　笑顔を共有しろ――」（窪之内英策「ピカもん」イブニングKCより抜粋）

このセリフのどこに名刺交換の極意があるのかわかりましたか？　名刺交換とは、名刺を受け取る行為ですが、実際には、その人が自分にとって合う人なのか？　安心できる人なのか？　信頼できる人なのか？　を一瞬で判断しており、**名刺を通してお互いの価値観を交換している場**なのです。

「私にはあなたのことを受け入れる用意は整っています。あなたのことを聞かせてください。私のことは何でも聞いていいですよ」とメッセージを送って、相手との間に居心地の良い場を瞬時に形成するために、**名刺で相手の心の境界線を越えていく必要があります。**

あなたの名刺は、相手を受け入れることが瞬時にできる名刺になっていますか。

自分の名刺が何の準備もできておらず、相手を知る前に自分のことを売ろうと思うから、名刺交換がうまくいかないのです。そうではなくて、

価値が伝わることで、使命で共感を得る。

↓

名前を覚えてもらえる（氏名）。

↓

ピンポイントで仕事がやってくる（指名）。

というサイクルができあがります。

これを**「使命→氏名→指名」の法則**と呼んでいます。

あなたの価値を伝える名刺交換にするには、たった一つ**「相手の心のシャッターを開く」**ことだけに集中してください。

✪相手の心のシャッターを開く沈黙のスキル

お互いに腹を割った関係は、数多く訪問したとしてもなかなかできるものではありませ

ん。それを初対面で可能にするには、「仕事に懸ける想い」や「使命」を伝えることです。

初対面ですから、お互いを知る情報は名刺に書いてあることがすべてです。名刺からお互いの接点を探します。趣味や特技は書いていても、何のためにこの仕事をしているかまで書いている人は少ないですし、まして、ふだんから使命を意識して生活している方は多くはありません。

それほど、**相手の使命に触れることは、非日常的な行為**なのです。

自分が何のために「命を使っているか」が書かれている名刺を見て、良い反応をする方とは、感性が近い方だと判断ができます。そして、自分に対して好意的な態度を取ってくれる場合が多いのです。

好意的な態度とは、自分に対する警戒心が薄れている状態です。

使命には心の警戒心を解く力があります。

相手が好意的だとしても、いきなり「私の使命は○○です！」と話しを始めるのはちょっと待ってください。使命や想いを話す場面は、ある程度関係が深まった頃合で切り出すもの。親しい友人でも5回くらい飲んだ後に、1対1で損得抜きでポロッと話す、そんな感覚ではないでしょうか。

それと同じで、名刺に使命を書いたからといって、こちらから「自分の使命は……」といきなり話し出すと、「この人、何を唐突に言い出すんだろう」と相手は引いてしまいます。自分は使命を話すことに慣れていますが、相手はまだまだ自分の土俵には乗っていません。

ですから相手が「これって何ですか？」「名刺は命使ってすごいですね」など質問をされてから、「じつは……」と切り出してください。

そうすれば、ゴリ押しせずとも自分の伝えたいことが話せるようになります。

ポイントは**名刺交換しても、相手から話しかけられるまで話さない**ことです。

それというのも、自分の得意分野の情報をすべて名刺に書いているので、相手から質問を受けても慌てずに対応することができるからです。

その際、行うことは2つ。

最初に、**相手の名刺の表・裏をマジマジと見る。**そして、**相手から話を振られるまで、自分から話さない**ことです。沈黙は怖いですよね。そこをグッと我慢してとにかく待つことです。

これで、相手への話題を見つけるストレスから解放されます。待っている間は、微笑みを忘れずに。

私は、話が苦手なので意図的に沈黙をつくり出しているのですが、『すべらない商談力』（小森康充著）の中で沈黙のスキルとして、体系化されたノウハウが紹介されています。**沈黙がきたら相手が考えている時間だと思って、恐れず暖かい目で待ってあげてください。**

余談ですが、お互い沈黙のスキルを知っている者同士の名刺交換は、お互い沈黙がずっとつづきます。

この場合、知っていることが共通言語となるので、自分から「沈黙のスキル、どこで知りました？」などと切り出すことで和むことができますよ。

✪経営者は使命を話したいし、聞いて欲しい

自分が初代で起業した中小企業の社長であればあるほど、会社設立から現在まで乗り越えてきた苦労話は盛り上がります。社長自身が一番知って欲しい本音部分を、私の名刺に書いている使命が誘発させているからです。

福田「社長、何のために今の仕事をしているんですか」

社長「何のためって、楽しいからに決まっているでしょう」

福田「へぇ～。何が、どう楽しいのですか」

社長「それは、自分の会社のサービスをお客さんが使うことで元気になったり、笑顔になってくれることが嬉しいんだよ」

福田「すばらしいですね！　何で今の仕事を始めたんですか」

社長「じつは、親父が亡くなって引き継ぐことになったんだけど、当時は会社を盛り上げようと必死だった。だけど、先代の営業が強引で、既存のお客さんからの評判が悪くて、新規取るしかなかったんだ」

福田「大変でしたね」

社長「そう。それで、営業するにしてもお客さんが望んでいない強引な方法はやめて、お客さんも喜んでもらって、しかも社員もストレスのない方法を見つけたかったんだよ……」

このように、名刺をもとに使命をヒアリングするだけでいろいろと話が出てきます。
社長さんは一番会社のことをわかっている人物です。

そこで聞き役に徹して聞いてみてください。

本音ベースで話ができますから、対会社から、対個人の関係で付き合いを構築することができます。

聞き役に徹するだけで「人対人」の関係になってしまうんです。

ちなみに、社内で社員同士これを行うと、抜群にチームワークの良い会社になります。

✪成約率を10倍高めるための名刺交換10ヵ条

ここで、名刺交換を仕事に結びつけるための、すごいアプローチをご紹介します。

『「売れる営業」のカバンの中身が見たい！――"新規開拓の神様"が明かす必勝ツール34』の著者である営業コンサルタントの吉見範一さんが提唱する、成約率を10倍高めるための名刺交換10ヵ条というものです。

①名刺を渡す前に軽く会釈した
②名刺を渡す前に一呼吸「間」を置いた
③差し出すときに相手の目を見た

④名刺を渡した後、相手の視線を確認した
⑤相手の名刺を両手で受け取った
⑥相手の名前の「読み」を確認した
⑦名刺の裏側を確認した
⑧相手のことを確認した
⑨相手の長所を探した
⑩相手が話す時間を長く取った

吉見さんの名刺交換のアプローチは、名刺そのものを工夫するものではなく、名刺交換の行為を徹底的に追及したものです。

ツールとしての視点ではなく、営業を科学した結果の知恵の結集なので、態度やしぐさで名刺交換を成約に結びつけることが可能です。

名刺交換は、長くても時間にして2、3分です。この2、3分に営業の全神経を注力してください。今後の営業活動が間違いなくうまくいきます。

以上、名刺の7つの役割を話してきました。

この7つの役割を名刺に盛り込むことで、今までの名刺が見違えるように効果を発揮します。

これで、つかみはＯＫです！

こんなにやることがあるのに、つかみだなんてトホホ……ですか!?

はい、これだけの内容を盛り込むと、その人のキャラで仕事が取れる方が出てきます。

また、自分を印象付けて会話を弾ませたい！　という方には大変有効です。

ここまで考えられた名刺はまだまだ出回っていません。

ただし、仕事が取れるという視点でみると、このままでは足りないんです。

あなたは「変わった名刺」ですねと、感心されることを望んでこの本を手に取ったわけではありません。

目的は「仕事が取れる名刺をつくる」ことです。

画竜点睛という言葉があるように、仕事が取れる名刺にする最後の目（魂）を入れる作業が残っています。

その作業とはもちろん、**名刺を「命使」にする作業**です。

第5章

名刺は「命使」

使命を伝えることで仕事は取れる！

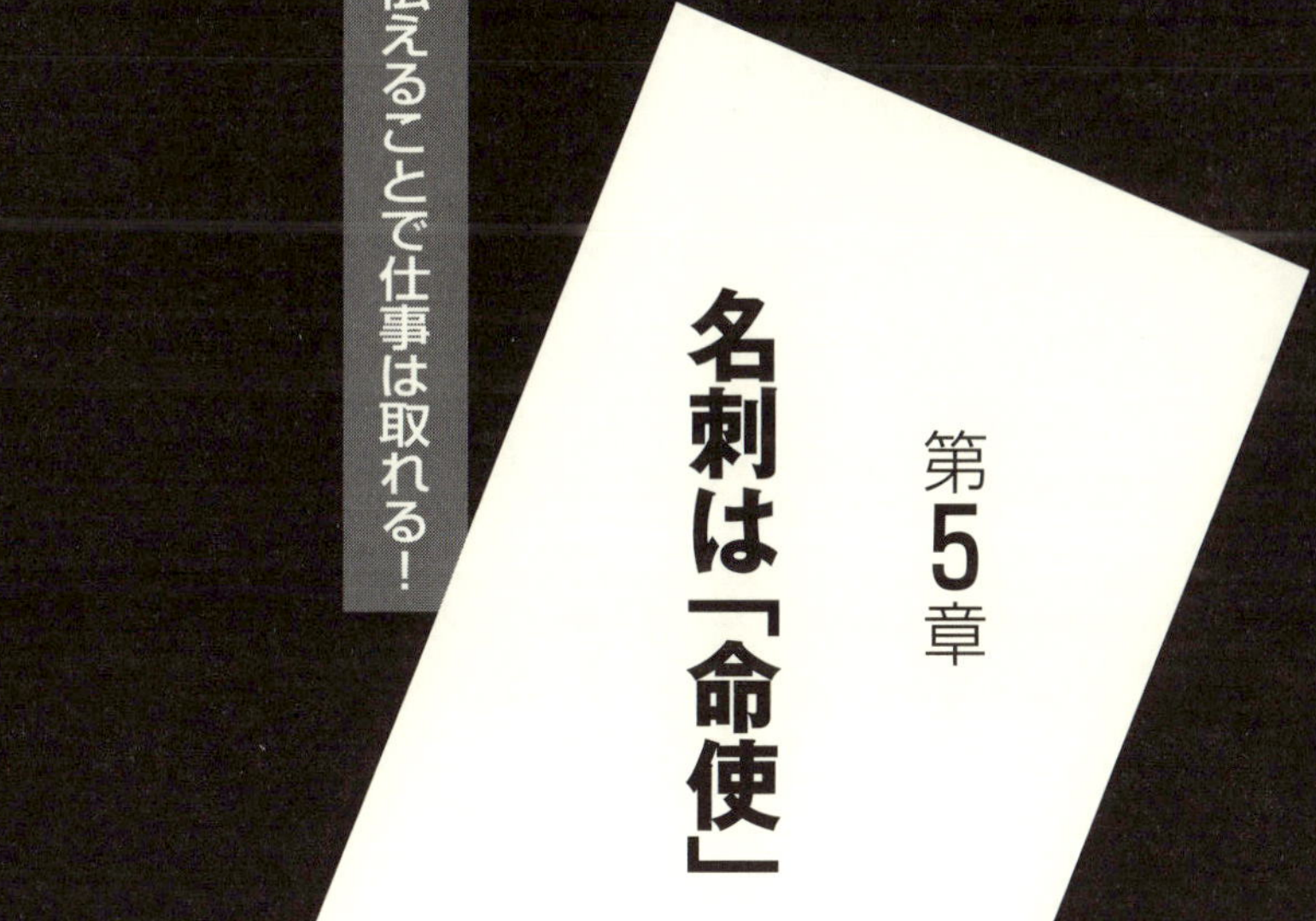

自分探しをしても、使命は一生見つからない

次ページの名刺例を見て欲しいのですが、最初の名刺からメインコピーが変化しています。**「ランディングページ発想と実務に基づいて《1秒で相手の心をつかむ》ツールクリエイター」→「あなたの会社の広告戦略室」→「話下手な人でも、初対面でポンポン仕事が取れる瞬間伝達名刺」→「名刺は〝命使〟」**に至るまでの変遷ですが**「名刺は〝命使〟」と掲げた時期から仕事の内容も、関わる人脈も、自分に合った無理のないスタイルに変わってきました。**

ちなみに「使命」とは、辞書を引くと「使者としての務め」「責任をもって果たさなければならない務め」といった意味があります。（広辞苑より）

先の見えない時代からか、仕事や社会的なポジションに関係なく、自分探しをしている人はたくさんいます。

なりたい自分になるために、自分を高めるために、自分探しをする。こういった動機で自分を見つめている方が多いのではないでしょうか？

以前の私は、会社内で自分の居場所がない、転職をすれば自分に合う良い状況がどこかにあるはずだし、転職先で自分を活かさないともったいないんじゃないかという気持ちで、自分探しをしていました。しかし、自分を見つめれば見つめるほど自信もなくなり、何のために生きているかが見出せませんでした。

そこでわかったのは「今の自分と、理想の自分を比べている現実を嘆いてばかりで、一歩も進もうとしない」自分でした。

理想の自分を思い描き、それに向かって突き進んでいくことは非常にすばらしいことです。当時の私は、「理想の自分＝究極の自分」の姿に今の自分を比べて、できていない理由ばかりを掲げて自分で自分を苦しめていました。

このような状態から脱却できたのは、理想ではなく昨日の自分と現在の自分を比べて、今が一番最高な状態だという意識と、過去も含めて自分なんだと過去を受け入れることができたからです。

すてきな案（アイディア）がギッシリ
事業所名▶
大福
《For Your Great Lucky！》
ランディングページ発想と実務に基づいて
《1秒で相手の心をつかむ》ツールクリエイター
瞬間★ブランドツールクリエイター
福田　剛大
Takehiro Fukuda
ツールはまかせて！
〒
東京都
TEL：
FAX：
MOBILE
E-mail .
ケイタイが連絡つきます

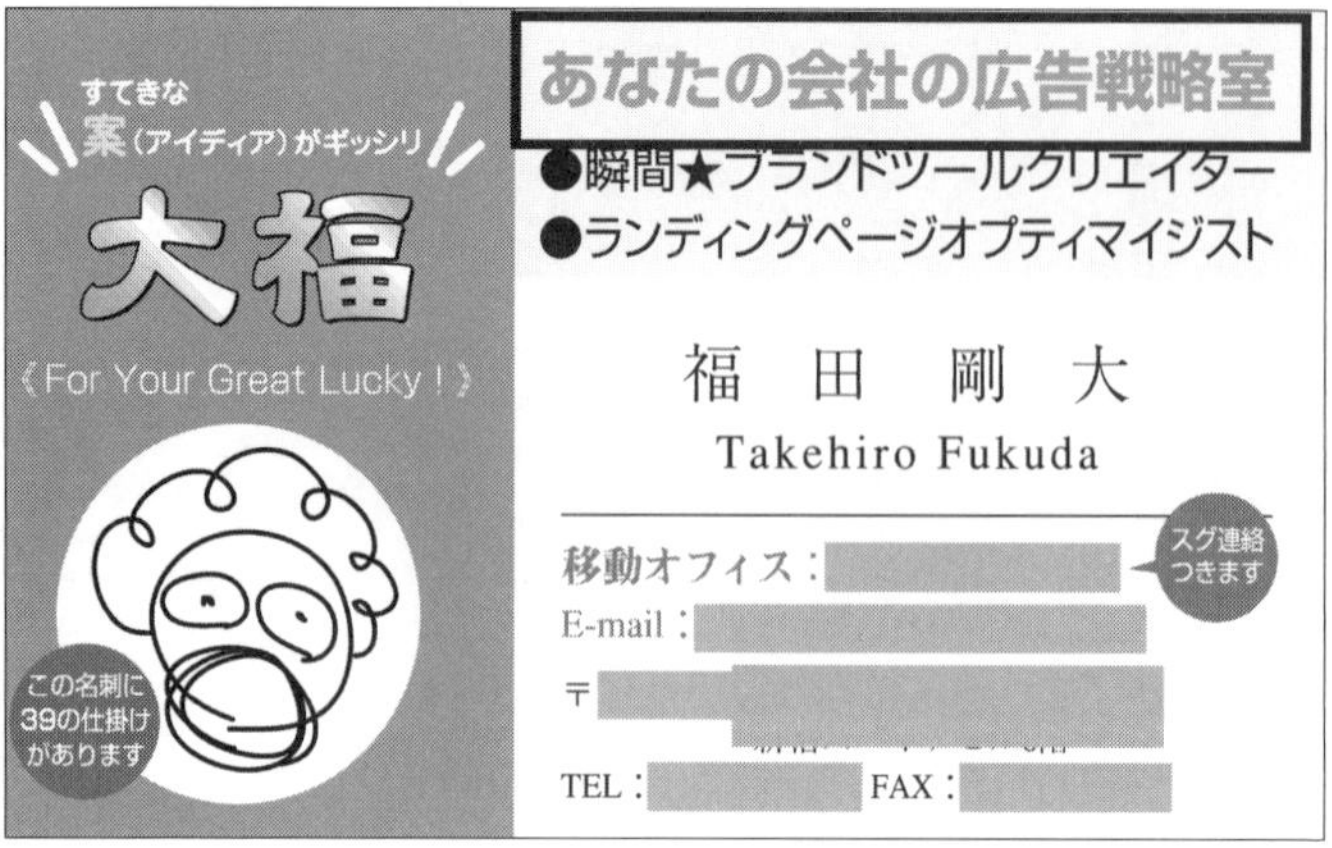

すてきな案（アイディア）がギッシリ
大福
《For Your Great Lucky！》
この名刺に39の仕掛けがあります
あなたの会社の広告戦略室
●瞬間★ブランドツールクリエイター
●ランディングページオプティマイジスト
福田　剛大
Takehiro Fukuda
移動オフィス：
スグ連絡つきます
E-mail：
〒
TEL：
FAX：

◆メインコピーの変化例

自分の軸が定まるまで、何度でも名刺のメインコピーは書き直してもかまいません。
むしろ、頭の中だけで完結させてしまうと、なりたい自分から遠ざかります。

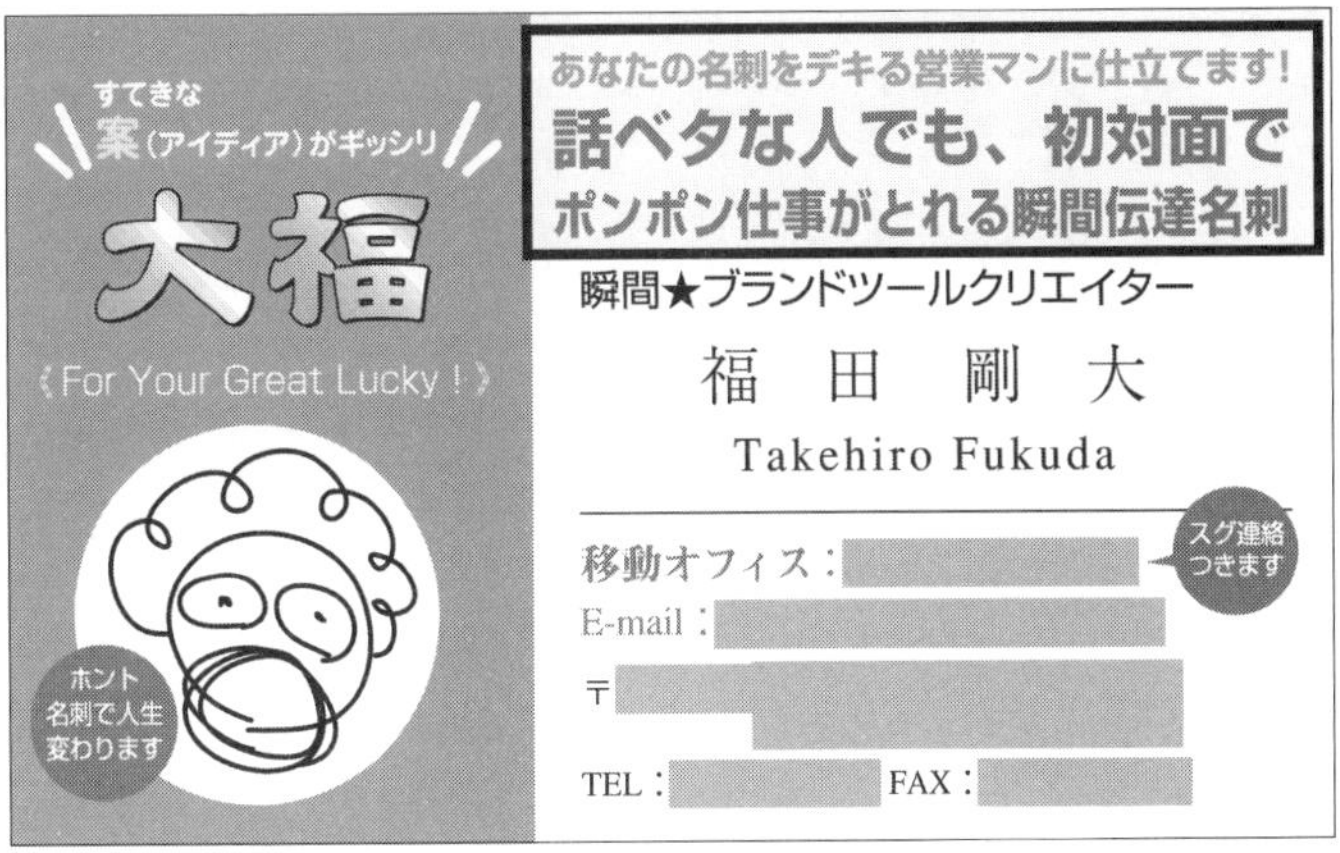

自分の果たすべき務めとは何か？

確かに一生かけて探求するに値する命題です。

しかし、自分をいくら探しても終わりはありません。

理想の自分ばかりにとらわれているとしたら、先に進めないことは出口のない迷路をさまようことと同じで、決して幸せなことではないでしょう。

そうならば、自分は何者なのか？　という哲学的な問いではなく、自分を相手にどう見せるか？　という自分を知ってもらうための知恵と能力を身に付けたほうが、仕事に活かすためにははるかに有効です。

そこで、使命をそのまま漢字の読みどおり**「あなたの命を、どのように人生や仕事に使っていくか」（命の使い方）**と言い換えてみると、何だか具体的にやるべきことが見えてくる気がしませんか？

名刺が命使になった理由

使命は命の使い方と解釈できたことは、私に大きな自信をもたらしました。

世界最大のギター会社フジゲンの横内会長の横内塾に参加された方の話を聞いた時でした。

Aさん「福田さん、命の授業っていういい話聞いたよ」

福田「どういう話ですか」

Aさん「日々の生活を漫然と生きるんじゃなくて、自分の命をどう使っていくのかを考えていくことなんだよ」

福田「へぇ～。命をどう使っていくかなんて、すごそうですね」

Aさん「命を使うという意味で、使命を明確にしていかないとダメなんだよ」

福田「使命ですか……ん！！！？」

使命……しめい……しめいしめいしめいしめいし！……**名刺（命使）！**

使命って、ひっくり返して読むと命使になる。名刺って使命を伝えるためのツールなんだ！　と使命を名刺に書くことが必然的なものだと合点がいったのです。

「使命を書いていない名刺は、名刺ではない！」と言わんばかりの大発見でした。

それがわかると「この仕事を、命懸けでやっています！」という人を応援したくなったり、惹かれてしまうのも、使命に心が動かされるからなのだと納得できました。

そうだとしたら**使命を表現することなしに、インパクトやテクニックだけの名刺を使っても、面白名刺の○○さんというタグを貼られてしまい、肝心な仕事の話まで進まないのはこのためだ**と、すべてつながったのです。

「自分の人と生《な》り、仕事や人生の目的、相手にとってのメリット」を自信を持って伝えていきましょう！

それが名刺を「命使」にする作業です。

あなたの命使の種を掘り起こそう！

名刺を命使にするために必要な3つのこと

ここから、名刺のつくり方について詳しく話していきます。

仕事を取る名刺づくりのために必要なことが３つあります。それは、

- ・お客様が誰なのか明確にする
- ・自分の商品・サービスのウソを明確にする
- ・自分の使命を明確にする

ということです。

名刺に仕事をさせる上で必要な７つの役割の中で、連絡先をパッと伝えることができな

い名刺は機能しないことを先にお伝えしました。

電話や住所を大きくしたり、色を変えたりして目立たせる工夫をすることは必須ですが、さらに、名刺を渡した相手があなたに連絡するだけの価値や理由を引き出させるかどうかが鍵を握ります。

そこで、必要なことはお客様（あなたの理想のお客様）が誰かを明確にすることです。

✪お客様が誰なのか明確にする

名刺を渡すのにお客様を意識することなんか必要!?　ばら撒くから関係ないと思いましたか？　もちろん、いろいろな場所で、いろいろな機会で渡す場面があると思います。

しかし、チラシやＤＭなどの販促ツールを企画・制作する場合には、こと細かにお客様を設定し、いろいろな状況を考えて制作するのに、同じ販促ツールの名刺に関しては全くといっていいほど、考えていないのではないでしょうか？　だからこそ、**お客様（付き合いたいお客様）を意識して名刺を作るかどうかで反応が違ってきます。**

お客様を明確にする上で大事な点が３つあります

❶一番付き合いたいお客様は誰なのか
❷その人はどこにいるのか
❸その人はどんなことに悩んでいるのか

を具体的に考えて欲しいのです。

❶のポイントは「あなたが付き合いたい人」という点です。

お客様といっても、俗に言う属性分けされたデータのことではありません。40代男性で年収2000万円以上の会社役員っていったい誰のことですか？　という話です。

具体的に○○さんのことと、顔が見えることが大事です。

ただし、あなたが本当に付き合いたい人でないといけません。

今のお客様の中から探していくと見つけやすいでしょう。「鈴木さんのような人が10人いたら楽しいなあ」とか、「佐藤さんみたいにやさしい人」といった具合です。


そして、❷はその方がいる場所がどこかを考えてください。

もしかしたら日本中どこでもといった答えが出てくるかもしれませんが、実際にどこに行けば名刺を渡すことができるのか、具体的な場所やイベントを考えてください。

さらに❸は、その方が困っていることは何か考えてください。

付き合いたい相手が何で困っているのか、それがわかれば苦労しませんよね。

これを見つけるためには、今までのお客様に「何でウチの会社の商品を買ってくれたんですか？」と聞くことです。それができなくても、何でウチの会社の商品を買ってくれたのか考えてみてください。そこに答えがあります。

多くの営業パーソンは、商談の下準備に命を懸けていると言っていいでしょう。

相手も警戒していますし、最初だからミスはできないというプレッシャーもあります。

そのため、場を和ませるためにいろいろなトークを使い、さまざまなテクニックを駆使して、時間をかけて相手を振り向かせることや、相手の心のシャッターをこじ開けることに精一杯で、肝心の商談の前に疲れ果ててしまいます。

初対面でも無理なく渡すことができて、相手も抵抗なく受け取ってもらえる営業ツールは名刺だけです。このアドバンテージを最大限生かすためには、お客様が困っている問題を解決する方法がひと目でわかる名刺にすることです。

そして、相手に興味を持ってもらうことで、いきなり核心に入ることができるのです。

名刺は人と人が直接手渡しで、相手と接触できるツールです。

理想のお客様発見シート

❶一番付き合いたいお客様は誰ですか？

❷その人はどこにいますか？

❸その人はどんなことで悩んでいますか？

名刺は

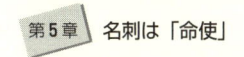

相手の顔がはっきり見え、すぐさま反応が返ってきます。だからこそ、相手の心をつかまないままで商談を始めてしまうと、どんなにセールトークを磨いても、心理学を駆使しても、思ったような結果にならないことになってしまいます。

✪自分の商品・サービスのウソを明確にする

ここまで、お客様が誰で、どこにいて、どんなことに困っているのかをあぶり出してきました。先に理想のお客様を考えたのは、商品・サービスから入ると、それに合わせてお客様を歪めて設定してしまう危険があるからです。

本来、商品・サービスとはお客様の問題解決のためにつくられるものですよね。

最初に**人にフォーカスすることで、今扱っている商品・サービスが持つ魅力を、モノ視点ではなく、理想のお客様視点で見ることができる**からです。

次に、お客様が困っていることを解決できる商品・サービス、それを明確にする3つの質問に入ります。

❹あなたの商品・サービスは何ですか？
❺その商品・サービスでお客様の困っていることをどのように解決できますか？
❻お客様はあなたの商品・サービスを利用することでどんな得がありますか？

❹は、まず扱っている商品を機械的にドンドン書き出してください。
❺は、お客様の悩み❸の質問（その人はどんなことに悩んでいるのか）をどのように解決できるのかを書きます。
❻は悩みが解決できたお客様がどんな得をするのか、どんな風に生活が変わるのか、悩みがなくなることでどうなるのかなどを書いてください。
私の場合、話下手な人でも営業しなければいけない方が一番付き合いたい方です。

その中でも、自分を変えなきゃと向上心のある人と付き合いたいです。

そんな人がどこにいるかというと、セミナーや異業種交流会なんです。話下手な人の困っていることといえば、ズバリ話せないこと。きっかけづくりや、話題づくり、場を盛り上げたり……とコミュニケーションの取り方で困っていると判断しました。

しかし、そうかといって引っ込み思案ではなく、ビジネス書を読んだり、社外でも交流して、自分を向上させたいと思っている人、と絞り込んでみると、お互いに共通する話題がたくさん見つかります。さらに、話下手だと思っている方でも自分の得意分野になると、饒舌に、さらに楽しげに話し始めるのでお互いの距離を縮めることが可能になりました。

自分が何者なのか、どんなメリットがあるかを全部名刺に話しをさせるだけで、かけがえのない人脈を構築することができました。

そうでなければ、門前払いの毎日で、ほとほと疲れてしまったと思います。

ちなみに、私のお客さんは非常に良い人ばかりです。

贔屓目《ひいきめ》かもしれませんが、使命を考える人は生き方を考えている人なので、今すぐ儲けたいお金だけの人、自分だけが良ければいいという、他人を思いやることができない人はいません。これも私ができることを、私が付き合いたい人に適切に伝えたからです。

ここでつまづくかもしれないポイントが一つあります。それは、自分が付き合いたいお客様の問題を解決できる商品が存在しないことに気づいてしまう点です。

これは商品をつくってしまってから、お客様探しをしてしまう企業に起こりがちです。

これは、広告で何とかしてしまおうというパターンに陥っている状態です。

問題解決シート

❹あなたの商品・サービスは何ですか？

❺その商品・サービスでお客様の困っていることをどのように解決できますか？

❻お客様はあなたの商品・サービスを利用することでどんな得がありますか？

しかし、あきらめることはありません。**付き合いたいお客様が困っていることがわかれば、それに合わせて商品を開発したり、リメイクなどを行えばいいのです。**

この質問に答えることで、商品開発までできてしまうんです！

✪ＵＳＰだけに頼った名刺は仕事を取れない

ここまで、お客様と商品・サービスについての話をしてきました。

この「お客様を見つける質問」と「商品・サービスを見つける質問」でお気づきの方もいるかと思いますが、これはＵＳＰと呼ばれるものです。

ＵＳＰとはユニーク・セリング・プロポジション（Unique Selling Proposition）の頭文字を取ったもので、マーケティングの世界ではもてはやされている言葉です。

私が意訳すると『「自分にしかないユニークな売り」を見つけて、その他大勢から抜け出しましょう！』という意味になるでしょうか。

なぜ、ここでこんな話を持ち出したかというと、このお客様と商品・サービスの質問は、私が広告代理店やマーケティング会社にいる時に、お客様にしていた質問そのものでした。

このキャンペーンのお客様は誰で、どう商品を訴求していけばいいのかを導きだすために、この質問をしていました。

ヒアリング後は、自分の知恵を振り絞って広告案を出しました。広告案を出すプロセスに限っては、私が煮るなり焼くなり好きに加工していいのです。要は私の仮説や想像だけで広告がつくられている、いわゆる丸投げというやつです。広告主さんからは「あんたの質問には答えたから、いい広告を考えてきてね」といった感じです。

それなりに結果を出していたので、この方法は間違っていないと思っていました。

いざ独立して、自分で自分を売り込まなければいけなくなった時に、この質問の通りに導き出した答えで、自分のキャッチフレーズをつくりました。

結果は、そのキャッチフレーズでは表現したいことがうまく表現できませんでした。

自分の伝えたいことはこれじゃない、このフレーズじゃ想いが伝わらないと悶々としていました。

それを解消したのが「何のためにこの仕事をしているのか」といった使命だったのです。

✪ドミノピザはどこで売っても同じ

ここで、有名な事例をもとにＵＳＰが機能するかどうかみてみましょう。

「熱々のピザを30分以内でお届けします。30分で着かなければ全部タダ」と言ったコピーで一世風靡したドミノピザのＵＳＰのキャッチコピーがあります。これがたびたびよくできたＵＳＰだと多くのビジネス書でも説明されます。コピー自体には異論のはさみようがありません。30分で着かなければタダなんてすばらしい特典ですから、ものすごくワクワクします。

しかし、このコピーをそのままで社名をドミノピザから他社に変更したとしても立派に機能します。そうなると熱々のピザを30分で届けて、しかも届かなかったら全部タダのピザ屋と言ったら、ドミノピザだけだと断言できるでしょうか？

それは、**キャンペーンコピーとしては秀逸ですが、機能的メリットだけで、なぜドミノピザがこれを行うのかといった想いや意思が全く伝わってこないからです。**

〈例〉

熱々のピザを30分以内でお届けします。30分で着かなければ全部タダ　ドミノピザ

熱々のピザを30分以内でお届けします。30分で着かなければ全部タダ　フクダピザ

このコピーだけだと、正直どっちに頼んでもいっしょだと思いますね。

では、30分以内で届けないと全部タダにする想いを語ったらどうでしょうか？

〈例〉

熱々のピザを30分以内でお届けします。30分で着かなければ全部タダ

～企業努力で効率化を達成！　地域にタダになるピザ屋として知って欲しい～

熱々のピザを30分以内でお届けします。30分で着かなければ全部タダ

～極貧時代の社長の夢は、腹いっぱいピザを子供たちに食べさせてあげることでした。熱々を1分でも早くとどけたい！　それがわが社ができる最善の手段です～

どちらのお店に行きたいのかの判断はお任せしますが、ビジネスを爆発させるために、費用対効果を前面に打ち出した前者よりも、社長の想いを通して企業のあり方を伝えている後者の方がズシッと心に響き、印象深く記憶に残るのでないでしょうか。
この例からもわかるように、大事なのは**「USP＋どんな想い」を伝える**ことです。

お客様の問題を解決したいと思う気持ち、この商品やサービスを手がけたいと思ったきっかけに加えて、この商売を始めた理由や使命を伝える。この三位一体の表現がなければ、伝えたいことが正しく伝わらないと、私は確信したのです。

世の中には競争相手に勝つための、ありとあらゆるテクニックがあります。これを使ったらライバルに勝てると思って導入します。

しかし、隣の経営者も同じことを考えて同じことを行います。ライバルに勝つためのテクニックだったはずなのに、全く差別化できないなんて悲しいことです。

新聞折込のチラシもそうです。住宅のチラシが5社入っていたのですが、5社すべて「家はまだ建てるな」とデカデカとコピーが書かれていました。

これを見た時は、こんなところでは家は建てたくないと正直思いました。

他社で効果があったチラシのコピーを、そのまま真似をしてチラシを打つ企業の何を信じればいいのでしょうか。

世間で成功しているＵＳＰの事例を真似る必要はありません。所詮そんなものは借り物です。

あなたの存在は唯一無二のもので、相対的に比べようがありません。「自分は何者でもない自分である」それこそがあなただけのＵＳＰになり、絶対的な差別化になるのです。

✪ 無敵の状態にする究極のＵＳＰのつくり方

この一番の事例は**日本名刺協会**の発足でしょう。

日本名刺協会の理事として活躍しているメンバーをみると、『ビジネスが加速する！　すごい名刺』著者の堀内伸浩さん、『口ベタなあなたを救うしゃべる名刺』著者の中野貴史さん、『1秒で10倍稼ぐありえない名刺の作り方』著者の高木芳紀さんと私の４人です。

一見するとライバルの集まりかもしれません。しかし、なぜ、こういったことが成り立つのでしょうか？

それを考える上で大事になってくるのはＵＳＰです。ＵＳＰが多大な利益をもたらす考え方には異論はありません。

ただし、他者との差別化を際立たせるために、ライバルと比べて自分がいかに優れているのかばかりフォーカスして、刈り取っていく方法に使われていることに疑問を感じているのです。

なぜかというと、この方法はいわば、モグラたたきと同じで、自分以外のライバルであるモグラをハンマーで叩いて、まわりに敵がいない状態をつくることです。

自社だけが一人勝ちをしている、いわば無敵になったわけです。これは、ＵＳＰという力を武器として利用し、周りをねじ伏せている状態です。

しかし、**私が伝えたいＵＰＳとは、ＵＳＰの効果を発揮させたまま自分の想いを伝えるものです。その結果、ライバルと違う優位点だけにフォーカスしている通常のＵＳＰ論ではなく、想いに重点を置くため、その人自身を丸ごと伝えるものです。**

想いとはその人から生じたものです。ですから、相対的な強みではなく、自分だけの強みとして機能します。

だから、**想いに共感した者が集まり、周りを巻き込んで成長していくことができるの**です。その結果、**武力による無敵の状態ではなく、触れ合う人すべてを友人とすることで無敵の状態をつくることができるのです。**

USP図解

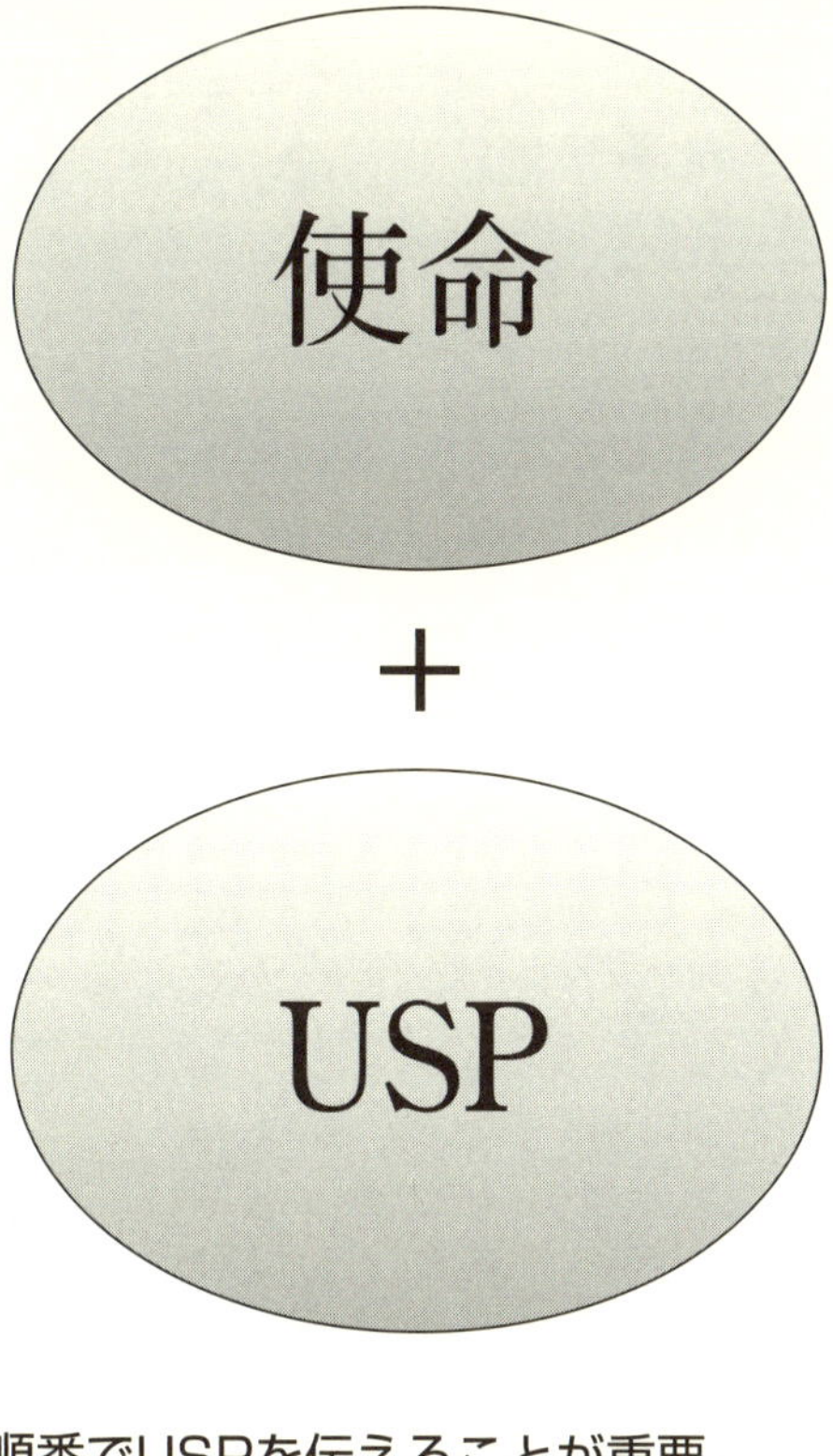

この順番でUSPを伝えることが重要。
決して、あなたより私の方が優れていることを
USPで声高らかに謳わないこと。
伝えるのは仕事に対する想い（使命）にすること。

真に無敵のUSPとは、ライバルをやっつけることではなく、ライバルさえも友人にすることだと思います。ですから、名刺という括《くく》りだと確かにお互いライバルだと見られますが、それぞれの想いを表現した結果、名刺というフィールドに行き着いた4人だからこそ、4人が融合することで、お互いの良い部分の相乗効果を生み出せるという考えで、日本名刺協会の発足になったのです。

名刺という**モノから出発せずに、想いを基点にしているから人を結びつける**のです。

そこで、使命を見つける3つの質問です。

✪ あなたの使命は、この3つの質問で必ずわかる！

❼ 今までお仕事をされてきて一番苦労したこと、つらかった出来事は何ですか？
❽ それを克服したきっかけは何ですか？
❾ この経験が、今の仕事にどう結びついていますか？

この質問は**「あなたが何のために、今の仕事をしているのか」**を見つけるためのものです。

使命発見シート

❼今までお仕事をされてきた中で一番苦労したこと、つらかったことは何ですか？

❽それを克服したきっかけは何ですか？

❾この経験が、今の仕事にどう結びついていますか？

今を活き活きと過ごしている方々の、ある特徴に気づきました。それは、**「過去を振り返って自分自身を受け入れた」**という点です。

ここで、重要なポイントは、思い出したくないくらい嫌な出来事や、長年苦しんできた部分に目を向けることです。そういう点も含めて今の自分があるのだということをしっかり見つめることが大事です。

ポイント

自分の過去で、

- **一番ストレスを感じた出来事**
- **触れらたくない出来事**
- **忘れてしまいたい出来事**
- **振り返りたくない出来事**
- **封印したい出来事**

にスポットを当てる

辛い経験を自己開示すること自体、非常に勇気がいることです。ただし、それだけで終わってしまうと、相手に「同情」を抱かせるだけで終わってしまいます。**仕事に結びつけるには、同情ではなく共感を得られることが必要です。**相手から庇護《ひご》された関係性では、対等な関係とはいえません。

そこで、❽（つらい経験をどう克服したのか）と❾（つらい経験が今の仕事にどう結びついているのか）の質問で、❼（過去のつらい経験）の状態からどうやって抜け出して、現在どういった成果を上げているのかを導き出す必要があります。

共感とは人が成長していく姿に対して起こる感情です。❼（過去のつらい経験）の状態をがんばって乗り越えて、今に至るストーリーが使命そのものです。

❼（過去のつらい経験）という状態から、❽（つらい経験をどう克服したのか）というきっかけを経て、❾（つらい経験が今の仕事にどう結びついているのか）という成果を出しているというストーリーを伝えることで、何のために今の仕事をしているのかを明確に伝えることができるのです。

なぜストーリーで伝えるのかというと、**ストーリーは「自分の経験を相手に再体験させるもの」だからです。**ドラマや小説の主人公に感情移入してしまって、泣いたりしたことはありませんか？

それと同じことで、経験は他人に影響を与えます。自分が経験してきたものだからこそ、オンリーワンのストーリーとして、聞き手に共感を与えることができるのです。

共感を呼ぶにはストーリーを語れ！

人は論理（ロジック）ではなく、感情で決断して動く生き物です。リアルなストーリーには人を動かす力があります。

✪転職後の悩み解決アドバイザーの事例

転職後の悩み解決アドバイザーとして、活躍されている鈴木大我さんという方がいます。

彼がなぜ、このアドバイザーを志したのか使命を導き出す質問を意識して読んでください。

＊　＊　＊

何故、私、鈴木大我が「自分を信じる」という言葉を、使命として掲げるのか、その理由を聞いてください。

いまから5年前、私は将来独立できる仕事を探すため、営業の仕事を生まれて始めてやることにしました。営業開始から3日目にして、始めて受注できました。周りの営業マンは初日から受注していたと言っていたので、ホッした気分になっていた時です。

2008年1月の夕方、本厚木駅のガードの近くで営業連絡を社長にしました。

「やっとまともな業務連絡が出来る」と思い、安心して電話をしました。

その時、事件は起こりました。

「お前はこの仕事、やる気あるのか、あぁ！」

突然、社長が吼えるのです。

殺気みなぎる唸り声。本当に殺されると思うような勢いで、

「何でもっと受注できね～んだ、コラァ！戻って来い」と一方的に電話を切られてしまいました。

こんなに問い詰められ、足がブルブルと震えたのは28年間生きてきて、始めての経験でした。

「何で？初受注なのに怒鳴られるんだ……」あまりの理不尽さに涙目になり、視界がぼやけました。悔しくて、悔しくて、許せない気持ちで一杯になり、その場で10分ほど私はその場でペタリンっとへたり込んでしまいました。

帰りの小田急線の電車の中で、

「もう辞めよう」、「何でこんな事やってんだろう？」、「絶対辞めよう」

そんな言葉が心を反復しながら、会社に戻りました。


「タイミングが悪かったね」会社に戻ると、先輩が声をかけてくれました。

当時、新入社員が私を含めて3名いたのですが、私と同じ鈴木という苗字の子が、電話口で社長に怒鳴られて、その場で退社。もう一人の女の子は、受注できるはずの案件を取れなかった。

そんな電話連絡が続いた中で、機嫌が最悪に悪い状態でイライラしていた時、私が電話をしてしまったのです。


「1日のノルマを達成したら、こんな所、即やめてやる」

心に怨念の炎が灯りました。しかし仕事を始めて、1ヶ月がたっても、殆ど契約は取れませんでした。

2ヶ月目から、やっと契約がコンスタントに取れるようになり、毎日会社から与えられるノルマを達成できるようになりました。21歳にして、社内で天才と言われていた営業マンが、私に助け舟を出してくれたからです。「自分のトーク通りにやれ」と言われて、その通りにやったら、毎日のノルマを達成できるようになりました。

「頑張れば出来るんだ」という気持ちと、仲間と深夜まで仕事をしたり、明け方まで飲んだりするのが楽しかったので、仕事は辞めませんでした。

社長は相変わらず、何かにつけて怒鳴り散らし、いつも人を馬鹿にしており、

「俺は人が嫌がることをするのが好きなんだ」と言っていました。

私は、そんな社長を怨念の炎が天まで届くほどに憎んでおり本当に大嫌いでした。

それでも当時仲のよかった副社長から「大我、営業管理の仕事をやってくれ」と言われて「営業よりは楽だろう」、「副社長と一緒なら、まあいいか」結局仕事を続けることになり、2年間勤めました。

しかし、客を騙しているようなトークを使う。営業としての教育もしない。営業マンを潰しま

くる、この会社のやり方を見続けていると、毎日イヤな気分になってきます。

営業管理の仕事は契約制、1年後には退社することが決まっていたので、「ここの営業のやり方は他社じゃ絶対に通用しない、このままじゃまずい」と焦ってきました。

「これは絶対営業じゃない、本当の営業に触れてみたい」

1年契約だから、辞める前に本物の営業を知っておこうと思い、本やメルマガを大量に読み出しました。メルマガで知ったセミナーに初めて参加してみました。それが木戸一敏先生の「営業トーク設計法」のセミナーでした。

セミナーを受けた感想は、「自分がいままでやってきている営業と、あまりに違いすぎて、自分に落ちてこなかった」と、全く自分にはしっくりきませんでした。

セミナー後の無料相談の日、新宿のホテルで木戸先生とお会いした時も、会社（と社長の）の文句ばかり話していました。そこで木戸先生が私に言ってくれたのが、「周りの人、社長や周りの営業マン、誰か一人に的を絞って、ありがとうございます、を言ってみなよ」という言葉でした。

私は即答で「社長には、絶対に言えません」と言いました。

1時間の無料相談が終わった帰り道、「高いセミナー受講料を払って、木戸先生から折角アドバイスももらって、ありがとうございますはできそうだから社長以外にやってみよう」と思いました。

翌日、右隣に座っている女性事務員に「ありがとうございます」と言おうとして、言えませんでした。

その時、「人に対して感謝の言葉を口にしていない」ことに気付き、感謝の気持ちなんて、いままで生きてきて、「ありがとう」が言えないどころか、感じていない自分に気がつきました。

それでも毎日言おうとした結果、2週間を過ぎた頃、女性事務員に「ありがとうございます」を言えるようになりました。

今まで日常会話も全くなかったのが、さらにいい続けることで、「派遣業の仕事はこんな感じですよ」と、彼女から自分の経験を話をしてくれるようになりました。

1ヶ月もする頃には、仲のいい副社長にも「ありがとうございます」を言えるようになりました。いままで以上に仲良くなれ「俺も社長のことはさ〜」と、私の前では本音で話をしてくれる様になりました。2ヶ月もする頃には、同僚の営業マンにも言えるようになりました。

そのおかげか、殆ど接点のなかった営業マンのAさんから「今度、飲みにいこうよ」と誘われるようになりました。

それがきっかけで他の営業マンとも親しくなり、「この案件、どうやったら受注できるの?」と、仕事のことをよく相談されるようになりました。

殆ど習慣のように「ありがとうございます」を口に出来るようになったのですが、社長にだけはどうして言いたくありませんでした。

ある日、自分が事務作業に追われている最中、社長が来て、怒り交じりの檄を営業マンに飛ばしている最中です。

唐突に私の方へ「○○やっておけ」と指示を出した時、とっさに、「ありがとうございます」と口にしてしまいました。

「あっ、ありがとう言ってしまった」と思い、自分自身にびっくりしました。
社長は全くのノーリアクションでした。
それでも「口に出して言えた」という事実は強いです。

それからは、社長に、「ありがとうございます」を言うことへの抵抗感が少なくなり、ことあるごとに、言えるようになりました。

3ヶ月も経った頃、社長室で社長と二人きりになったとき、業務報告をした時です。
「ん、ありがとう」
と社長の口からそんな言葉が出てきました。
正直、空耳だと思ってしまいました。
社長の口から感謝の言葉が出るなんて、ありえない。
自分が聞いた言葉を信じられませんでした。

そして営業管理の仕事は、契約が終わり退社の日を迎えました。
その時、営業マンや女性事務員、全員が私にプレゼントをくれたのです。

女性事務員のIさんからは、カエルの健康マットを、営業のKさんからは、コエンザイムQ10の健康飲料を1パックを、本社の営業マン全員からということで、8号サイズ（24cm）のストロベリーケーキを、名古屋出張組みからは、味噌煮込みうどんセット・おっぱいプリン・ハロープロジェクトのアルバムCDをプレゼントされました。

名古屋出張組みのリーダー、Nさんが、
「いままで営業側の視点で仕事をしてくれて、本当にありがとう」と言ってくれました。

さらに社長から「大我、辞めないでくれ」と言われたのです。
私は2年間、退社する人間はごみ同然の扱いをされる、ポイっと捨てられる営業マンの姿を見続けてきました。

そんな会社で、私は始めて、皆から感謝されて、送り出してもらえました。

私はメチャクチャ驚き、メチャクチャ嬉しい気持ちで一杯になり、いままで、最高の「ありがとうございます」を言えました。

思い起こせば小中学生時代、私はよく馬鹿にされてました。
アレルギー体質で皮膚アレが酷く、色白で長髪なので「お前はオカマ」といきなり言わていました。自分の意見をはっきり言わないタイプだったので、周りのからは全く理解されません。そのため私は、いつも怒りの気持ちで一杯。周りも自分も大嫌いでした。

その頃の自分を思い出したときに、「ああっ社長は、中学生の自分と同じだ」と思いました。怒ることで、自分を正当化し、自分の身を守り、人より上の立場でいないと、まともにコミュニケーションが取れない姿が、自分と同じだと思ったのです。

「ああ～、どうしても自分を信じられないんだな～この人は」と思った瞬間、気がつきました。

自分を信じていないから、自分を正当化しようと頑張っていた。
自分を信じていないから、傷つかないために自分を守る必要があった。

自分を信じていないから、人の目が気になり、いつもビクビクして、人とまともに話せない自分がいた。自分を信じていないから、営業初受注の時、社長にガツンと怒られて、「俺って駄目な奴だ」とメチャクチャ凹んでしまった。

そんな自分が「ありがとうございます」を言い続けることで、自分も周りの態度も変わってきたことにより、自分の行動と気持ちに自信を持つことができました。

この経験から、「自分を信じる」という言葉を私の使命として掲げることにしました。

これから私と出会う方、ひとりひとりに「自分を信じて」接することを忘れないように、この言葉を私の命の使い方として、伝えていきます。

いまは、その当時の社長や営業マンの面々、事務員として一緒に頑張ってくれたスタッフに、本当に感謝しています。

そして、ありがとうの大切さを教えていただいた木戸先生。ほんとうにありがとうございます。

＊　＊　＊

鈴木さんは、自分の経験を基にした「ありがとうのステップ」を7つのノウハウとして体系化し伝えることで、転職の悩みの大半を占める人間関係の改善のアドバイスをしています。このストーリーはブログで公開（http://ameblo.jp/tiger-suzuki/）していますが、これを名刺に書くとなると、小冊子のような名刺にしなければいけませんので、3つのポイントに沿ってみてみましょう。

❼今までお仕事をされてきて一番苦労したこと、つらかった出来事は何ですか？

転職先で、社長から毎日怒鳴られ、自分のことを評価してもらえない毎日。強引な営業を強いる社長を心から憎んでいた。

↓

❽それを克服したきっかけは何ですか？

木戸先生と出会い、ありがとうを言うことを勧められた。簡単だと思い、隣の女性事務員にありがとうを言おうとしたが、恥ずかしくて言えずに感謝の気持ちを表現していない自分に気づく。2ヵ月間言い続けたある日、社長に呼び出された時に咄《とっ》嗟《さ》にありがとうを口にしてしまった。

↓

❾この経験が今の仕事にどう結びついていますか？

苦手な相手に感謝の気持ちを伝えることで、周りが味方になってくれることが実感できた。人間関係に自信のない人に、自分の体験を伝えることで生き生きした人生を送って欲しい。

この文字なら名刺にもぴったりですね。

鈴木さんが、なぜ、転職後の悩み解決アドバイザーを目指したのか、なぜ、鈴木さんがそれを語ることができるのか、**「過去」「現在」「未来」を繋ぐ一貫性のあるストーリーがある**からこそ、転職後に人間関係で悩む人の気持ちを理解して、適切なアドバイスができると思ってもらえるのです。

共感は、自分の「過去」「現在」「未来」に、社会との関係性を見つけ出して、全く新しい価値を創造することで、生み出すことができます。

✪自己開示が必要という見えない壁

ここまで、自分の過去を自己開示することで、共感を生み出すことができると言ってきました。ここで、あなたの頭の中には一つの不安が出てきていると思います。

自己開示の方法はわかったが、これを伝えることで周りから変な評価をされてしまうのではないか？

この不安よくわかります。私もこの見えない壁を突破するまで非常に悩んだからです。第2章で触れた通り、絶対受注名刺に行き着いた過程はまさにこの自己開示そのものです。使命を導き出す質問になぞらえて、私のストーリーをまとめてみると、

❼今までお仕事をされてきて一番苦労したこと、つらかった出来事は何ですか？

数年前、精神的ストレスのためコミュニケーションに悩み、休職・転職・病院通いの日々でした。

↓

❽それを克服したきっかけは何ですか？

そんなある日、子供の寝顔を見ていて「この子のために格好良い父親でいたい」という想いから復活し、自分が何のために生きているのかを伝えるツールとして、たどりついたのが瞬間伝達名刺です。

↓

❾この経験が今の仕事にどう結びついていますか？

話下手な営業マン、フリーランス、士業、コンサルタント、保険代理店業など、自己ブランディングが必要な方々を強力サポートしています。

と名刺に書いています。

これは、今でこそ仕事が取れる名刺の専門家としての根拠として機能しているのですが、❼（過去のつらい経験は何か）の質問を読んで過去を直視すること自体、私には苦しいものでした。なぜなら3つのイヤが存在したからです。

1イヤ　ストレスにより精神的に弱っていた頃は、自分の人生の汚点、本当になかったことにしたかったことだったので、そこを振り返るのがまずイヤ！

2イヤ　そして、その当時の状態をリアルに描写するのがイヤ！

3イヤ　ストーリーが出来上がってから、それを公開するのがイヤ！

この3つのイヤの先にあるものは、**「自分がダメ人間だと思われたくない」**という気持ちでした。

たとえるなら、映画スターウォーズに登場するアナキン少年が、心をダークサイド（闇）にとらわれてしまっている状態です。自分が精神的ストレスを受けたことは、人間の闇に落ちてしまった。それをわざわざ表に出すことは、自分の中の魔を晒《さら》されることに等しく、人としてダメだという恐怖そのものでした。

共感ストーリーを書けるということは、ドツボから何とか抜け出して生活している状態です。やっとトンネルを抜けて、汚点を隠してこれから別の人生を進もうというのに何でわざわざ自分のダメな部分を人に伝えなきゃいけないんだ！　そんな憤りがありました。それでも、周りに伝えていったのには2つのわけがあります。

- **自分がこの仕事を行う上で避けて通れない事実だったこと**
- **自己開示をした結果、得られる評価が「信頼」だということ**

です。

私が独立したのは、じつは志のためでも、夢のためでもありませんでした。

ネット広告代理店でナンバー2として成果を出していたのですが、社長の思い違いにより、半ば喧嘩別れのような形で退職しました。そこで、どうせ転職しても、またこんな自己中心的な社長の下で働くかもしれないなら、自分でやれるところまでやってみよう。

これが独立のきっかけです。

自分の力でできるところを、あの社長に見せつけてやる！　そんな怒りが発端なので、最初の仕事は、販促ツール制作、ホームページ制作、ネット広告代行、通販カタログ制作、企画書制作代行、プレゼン代行など、とにかく今まで自分が経験してきたことを何でもやりました。切り売りでも何でもいいから、とにかく生活できるお金を確保することが第一でした。

ここで問題です。その当時の私の名刺には、

「あなたの会社の広告戦略室」

と自分のキャッチフレーズを書きましたが、果たしてこれは機能したでしょうか？

正解は、お察しの通り全く機能しませんでした。

プロフィールには電通ワンダーマンなどで経験を積んで……と、電通グループの威光を借りて、「そこにいた人間の知恵を借りられますよ。仕事の質がいいのは間違いなし、しかも安い！　だから、仕事ください」オーラを出していたと思います。

名刺を受け取った人の頭の中には、「広告代理店なんて腐るほどあるし、電通グループ出身の人も知っています。その中であんたを選ぶ理由がわからない」が、浮かんでいたと思います。

その時の名刺を見て聞かれる質問は「福田さんの夢は？」「何のためにこの仕事をしているんですか？」と仕事内容に関するものではなく、僕の価値観についての質問ばかりでした。

このような質問を受けると、「仕事のスキルにこんなこと関係あるのか？」「夢なんかなくったって生活できればいいんじゃないか」心の中で反発して、いつも言葉を濁していました。

そもそも、社長への怒りが発端ですから、夢など考えてませんし、目標達成という言葉も自分の目標のために人から搾取するための自己都合のように聞こえてしまい、好きではありませんでした（今は目標達成の意義はわかっています）。「生活するために仕事をする」これのどこがいけないのか、さっぱりわかりませんでした。

転機になったのが、前出の鈴木大我さん同様、営業コンサルタントの木戸一敏さんのモエル塾です。


ここの掲示板を見て驚いたのは、先輩塾生数名が自分の過去のダメな体験を赤裸々に公開していたことです。これを読んで感じたのは、自己開示をした人間はとてもすばらしく、輝いて見えたことです。

会ってもいないのに、話してみたい。その場にいたように、気持ちがわかる。こんな人にお世話になりたい。など、先輩塾生を信頼している自分がいました。

さらに、ストーリーを読んで、自己開示している人を自分が想像していたようなダメ人間だと感じることも微塵もありませんでした。むしろ、**私も自己開示ができるようになって、人を勇気付けたい、**そんな思いで一杯になりました。

そこで、今一度このキャッチコピーに戻ります。

あなたの会社の広告戦略室

◆広告戦略室名刺例　モノからヒトフォーカスへ

すてきな
案（アイティア）がギッシリ
大福
《For Your Great Lucky！》
この名刺に
39の仕掛け
があります
あなたの会社の広告戦略室
●瞬間★ブランドツールクリエイター
●ランディングページオプティマイジスト
福　田　剛　大
Takehiro Fukuda
移動オフィス：090-　-
スグ連絡
つきます
E-mail：takehiro.fukuda@gmail.com
〒162-0065
TEL：　FAX：

モノをフォーカスしていた名刺

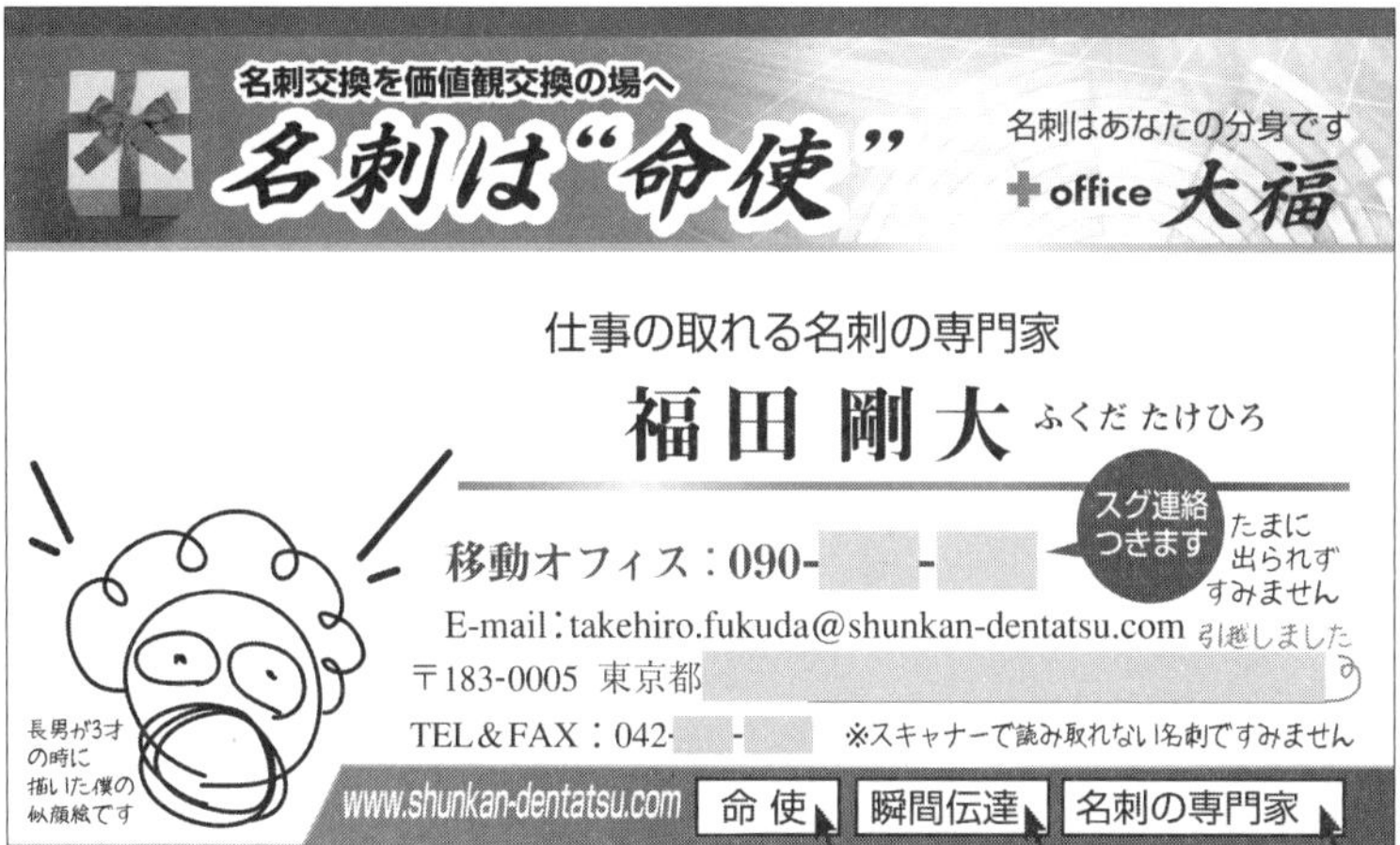
名刺交換を価値観交換の場へ
名刺は“命使”
名刺はあなたの分身です
＋office 大福
仕事の取れる名刺の専門家
福田 剛大 ふくだ たけひろ
スグ連絡
つきます
たまに
出られず
すみません
移動オフィス：090-　-
E-mail：takehiro.fukuda@shunkan-dentatsu.com
引越しました
〒183-0005 東京都
TEL＆FAX：042-　-
※スキャナーで読み取れない名刺ですみません
長男が3才
の時に
描いた僕の
似顔絵です
www.shunkan-dentatsu.com
命使
瞬間伝達
名刺の専門家

ヒトをフォーカスしていた名刺

これは、広告制作というモノを一生懸命に訴求しているキャッチコピーです。自分の強みはあらゆる広告制作ができることだと思っていました。**しかし、人が知りたいのはモノ・コトではなく、福田剛大自身なのです。ヒトそのものしか興味がないんです。**

福田剛大そのものが信頼できるのか？　どんな想いで今の仕事をしているのか？

つまり、あなた自身にスポットを当てることで、お客様に唯一無二の存在として扱っていただくことができます。

その結果、差別化、価格競争に巻き込まれることはなくなります。

✪差別化、価格競争に巻き込まれない絶対法則

木戸一敏さんと話しをしていて確信できたことがあります。

それは、モノ・コトにフォーカスしていると、必ずお客様から「他とどう違うの？」「安い、高い」という話になってしまうということです。

これは、お客様に喜んでもらうという視点ではなく、いかにたくさんの人を集めるか、どうやって説得すれば利益を生むのか、自分だけの損得にエネルギーを注ぐ行為だという

ことです。

今、ブルーオーシャンだとか言われている、競合他社のいない地域や、ポジションに出店しても時間が経つと競合他社が現れるものです。

これはモノ・コトではなく、ヒトにフォーカスすることで解消できます。

「競合他社のいない地域に～」とライバル社にフォーカスするのはなく、自分の持っている資産を前面に出すことに集中してみてください。

「商品が良かったから、あなたから買うわ」

と言われるのではなく、

「あなたが好きだから、あなたから買うわ」

と言われるために何をやるかを考える。

これがヒトにフォーカスした考え方です。

大事なので繰り返します。

モノ・コトを中心に情報発信をすると、それを求めた人を呼び「あっちの方がいいみたいよ」「安い、高い」という話になります。

これを「あなた」というヒトを中心に情報発信をすると「あなた」の話になります。

あなたの「あなた」はあなた以外に誰もいないので、比較のされようがありません。

あなたの商品を売るためには、論理的に正しく説明することではなく、あなたという人柄を伝えてお客様の感情のスイッチを入れることです。

これは中小企業の経営者や士業の、自力でがんばっているあなただからできることです。

✪ダメ人間でも良かったんだ

過去を見つめることで、何のためにこの仕事をしているのかが見えてきたと思います。

これは、**自分の軸**とか、**根っ子**とか言い換えても構いません。

これができるとどうなるのか？　現在進行していることや、進めようとしていることで迷いが生じた場合、「これって自分の軸と合っているのか」「何のためにこれをやるのか」と一度冷静になって判断することができます。

安心して戻ってこれる場所が、自分の中にできている状態です。決して潰れない会社に入社したとか、好景気だからといった物理的要素や外的要因によって、安心が得られることとは違います。

私も「自分が何のために今の仕事をしているのか」を名刺に書く時は、非常に勇気がいりました。自分の至らない点を、多くの方に発信することになるからです。

ダメ人間と思われるんじゃないか？　変な同情を受けるんじゃないか？　距離を置かれるんじゃないか？……頭の中にはネガティブな反応しか浮かんできません。

最初の頃、名刺を渡す時はものすごい緊張の中、相手の反応を逃さないように目と頭がフル回転でした。実際には自分が思っていたほどネガティブな反応は受けなかったのでホッとしましたが、本当に必死でした。

失敗を話すことは、気の置けない間柄の人にしか話しませんし、できないことです。初対面でありながら、名刺を通して自分の失敗談を伝えることで「自分のことを重要だと思ってくれた」と相手が感じ取ってくれて、好意的な反応を得ることができたのです。

相手や現象に惑わされない、強さや自信を得るために、自己開示する恐怖を乗り越えてください。

この本を読んでいるあなたなら、きっとできます！
それでも迷っているあなたに、英国首相のチャーチルの言葉を贈ります（最近では仮面ライダー電王で有名ですね）。

The past should give us hope !

過去は希望を与える！

今一度、使命を導き出す質問です。

❼今までお仕事をされてきて一番苦労したこと、つらかった出来事は何ですか？

❽それを克服したきっかけは何ですか？

❾この経験が、今の仕事にどう結びついていますか？

どうですか、希望が見えてきましたか？

世界一わかりやすい命使ワークショップ

ここまで、9つの質問に答えていただきました。

・お客様が誰なのか明確にする

❶一番付き合いたいお客様は誰なのか。
❷その人はどこにいるのか。
❸その人はどんなことに悩んでいるのか。

・自分の商品・サービスのウリを明確にする

❹あなたの商品・サービスは何ですか？
❺その商品・サービスでお客様の困っていることをどのように解決できますか？
❻お客様はあなたの商品・サービスを利用することでどんな得がありますか？

名刺は

・自分の使命を明確にする

❼今までお仕事をされてきて一番苦労したこと、つらかった出来事は何ですか？
❽それを克服したきっかけは何ですか？
❾この経験が、今の仕事にどう結びついていますか？

じつはこの質問の答えがそのまま絶対受注名刺で伝えたいことすべてになります。
それを次ページで名刺として、まとめてみましょう。

使命が伝わるキャッチコピーのつくり方

❾（つらい経験が今の仕事にこんな風に結びついている）という想いで、❶（自分の付き合いたい人）のために、❹（提供できる商品・サービス）で、❸（付き合いたい人の悩み）を解消します。

このように質問の回答をつなげて、文章にして整えるだけで、自分の使命が、付き合いたいお客様にダイレクトに届くようになります。

付き合いたいお客様は❷（その人はどこにいますか）の質問で、出会うことができます。出会った人に自分の想いを適切に伝えるために、使命のキャッチコピーが大事なのです。答えを繋げただけですと、てにをはや、文章がちぐはぐだと思いますが、表現されている内容は、あなたの核となるものなので、文章を磨いていく途中で大きくズレたキャッチコピーをつくらずにすみます。

ポイントは、いきなり「名刺は命使」などのキャッチコピーを狙わず、**ストレートな表現にする**ことです。

効果的な肩書きのつくり方

❻（お客様はあなたの商品・サービスを利用することでこんな得がある）＋一般的な肩書き～で肩書きを表現してください。

ここでいう肩書きとは「使命を主張する人物」はどんな人なのかを表す肩書きです。自分が何者なのかに加えて、相手に期待感を抱かせるものを指します。そのため、代表取締役や部長というのはただの役職であって、どのような人物か全くわかりません。同様に税理士、コンサルタント、コーチ、カウンセラーというのも、資格や通り名であって、単語だけ読んでも、具体的に何をどのようにしてくれる人物なのかハッキリとわからない肩書きと言えます。せっかく一生懸命勉強して取った資格なのに、そのまま使ってしまうと埋もれてしまうなんてもったいないことですね。

単にコンサルタントと名乗るよりも、何ができるコンサルタントなのか相手にわかりやすく伝えることが大事です。

・売り上げをアップできる＋コンサルタント
・豊かな人生を送ることができる＋ライフプランナー
・笑顔あふれる家を建てる＋大工
・偏差値を30アップさせる＋塾講師
・目標達成できる＋コーチ
・高齢者が安心して働ける＋社労士

ほかにも肩書きのつくり方には「あなたが目指す現在の職業の最終形＋現在の肩書き」「他人が使っていない目新しいもの」などたくさんのやり方がありますが、この方法をお勧めするのは「わかりやすさ」と「伝わりやすさ」に重点においているからです。

私の場合「仕事の取れる名刺の専門家」の他にも「瞬間的に営業ツールやブランディングツールをつくる＋クリエイター」を整えて「瞬間★ブランドツールクリエイター」と名乗っています。（間にある★はつのだ☆ひろさんを連想していただいてニヤッとしてくれたらいいなを狙っています）

この人に仕事を頼むと、こういった結果を出してくれるんだと、相手にイメージさせることができる肩書きを目指してください。

✪肩書きは一つに絞る

せっかく自分ができるスキルがたくさんある人は、一つの肩書きだけだともったいないと思うかもしれませんね。

たまに、自分ができることを肩書きにしてたくさん列挙している方を見かけますが、一名刺につき一つの肩書きに絞り込むことが大事です。気を利かせてできることすべてをアピールしていても、結局何をやる人なのか？　がぼやけてしまう原因になります。

独立したての私は、紙媒体の広告の仕事とインターネットの仕事の受注もしたいがために「瞬間★ブランドツールクリエイター」の他、「ランディングページオプティマイジスト」という肩書きも併記していました。その肩書きを見て聞かれるのは「福田さんって結局何をやっている人？」という質問です。読めばわかると思うのに何で聞いてくるんだろうといつも思っていました。

そういうやり取りを何度かしているうちに、これって相手が混乱しているんだと思い、「瞬間★ブランドツールクリエイター」だけに絞りました。その結果、あいまいな質問が減り、名刺やブランディングの質問を受けるようになりました。

「ランディングページオプティマイジスト」ですが、今思うと、自分だけが満足している肩書きです。聞いた人が想像すらできない典型的な例です。

自分ではランディングページ（ネット広告の飛び先のホームページ）を最適化する専門家という意味で名乗ったわけですが、全く質問すらされませんでした。

そのため、人は理解できないものには興味すら示さず無視することを身を持って理解しました。

凝りすぎた肩書きは機能しません！　ご注意を。

信頼を伝える会社名とは

「株式会社福田商事」「ハピネスライスフィールド株式会社」これを見ただけで、何をしている会社なのかわかる方は皆無でしょう。

「福田剛大税理士事務所」これでも、税理士事務所はわかるのですが、ほかの税理士事務所との違いが明快ではありません。そこで、

「創業昭和９年　あなたの住みたい家見つけます　株式会社福田商事」

「売り上げアップの秘策付ＨＰあります　ハピネスライスフィールド株式会社」

「会社にお金が残らないを解消！　福田剛大税理士事務所」

だったとしたらどうでしょう？

❺（あなたの商品・サービスはお客様の困っていることをこうやって解決できる）＋会社名でつくることができます。

会社名だけで終わらせずに、「お客様のメリットが実現できる会社」だとしっかり伝えていきましょう。

共感されるプロフィール

❼（過去にこんなつらいことがあった）という経験を、❽（とあるきっかけ）で克服しました。❾（その経験が今の仕事に活きている）のだから、あなたの気持ちがわかります。この順番通りに書くことで、仕事に対する意識が伝わりやすくなります。

業務内容で実績を伝える

業務内容は、専門性をしっかり打ち出すことと、事業にかける想いを串刺し言葉で伝えることが大事です。

また、業務内容を羅列するのではなく、実績も合わせて書くとより効果的です。

実績、趣味、嗜好を伝える

プライベートなことで共通点があることは、お互いの心のシャッターを開くきっかけに

実績・趣味・指向を伝えるプロフィール

Ⓐ 生年月日 血液型 星座 通称、名前の由来、占いなど

Ⓑ 出身地 学歴、所属団体

Ⓒ 資格、受賞暦、特許、マスコミ掲載暦、出版実績など

Ⓓ 趣味・こだわり・熱中していること・思い出・親・子供・兄弟・ペットなど

Ⓔ 好きな○○、忘れられない○○

Ⓕ mixi・FacebookなどのSNS、Twitter、ブログ、商材、見てもらいたいサイト

Ⓖ 初対面の人にあなたの自己紹介をしてください

Ⓗ この質問以外でどうしても言いたいこと

Ⓘ 上記に挙げたもので、今の仕事につながっているものは何でしょうか?

なります。第4章に大事な部分を、じっくりと多くのページを使ってのべていますが、それ以外の項目は前ページのシートを活用して棚卸をしてみてください。

仕事が取れる精度を上げるブラッシュアップ法

すべての項目を入れ終わると「やっと終わった！」と安心して、そのまま印刷してしまいがちです。

そこをグッとこらえて「この名刺をもらって嬉しいかどうか」という視点でチェックすると、さらに磨きをかけることができます。

ポイントとして2つ挙げます。

1つはお客様目線でもう一度考えることです。

本当にこの表現で喜んでもらえるのか、クスッと笑ってもらえるのか、これどういう意味？　と聞いてもらえるのか、自分がこの名刺をもらってうれしいかどうかの目線でチェックしてください。

2つ目は、声に出して読んでください。そして、家族やちょっと辛口な友人に意見を聞いてみると、思いもしない指摘を受けたりして表現力に磨きがかかります。

名刺を渡す人は当然ながら、自分以外の人です。実際に意見を聞くことで、名刺交換の際のシミュレーションもできて一石二鳥です。

さらに、**名刺交換の際には、名刺に書いた内容について質問されたことは忘れず覚えていてください。**

その場でメモできない時は、自分の名刺をメモ帳代わりに直接修正を入れてもいいですね。

よく聞かれるものは、名刺の改善点として非常に参考になります。それを踏まえて名刺をドンドン修正していくと、より良いが反応が得られる名刺になります。

これで、仕事の取れる名刺の完成です！

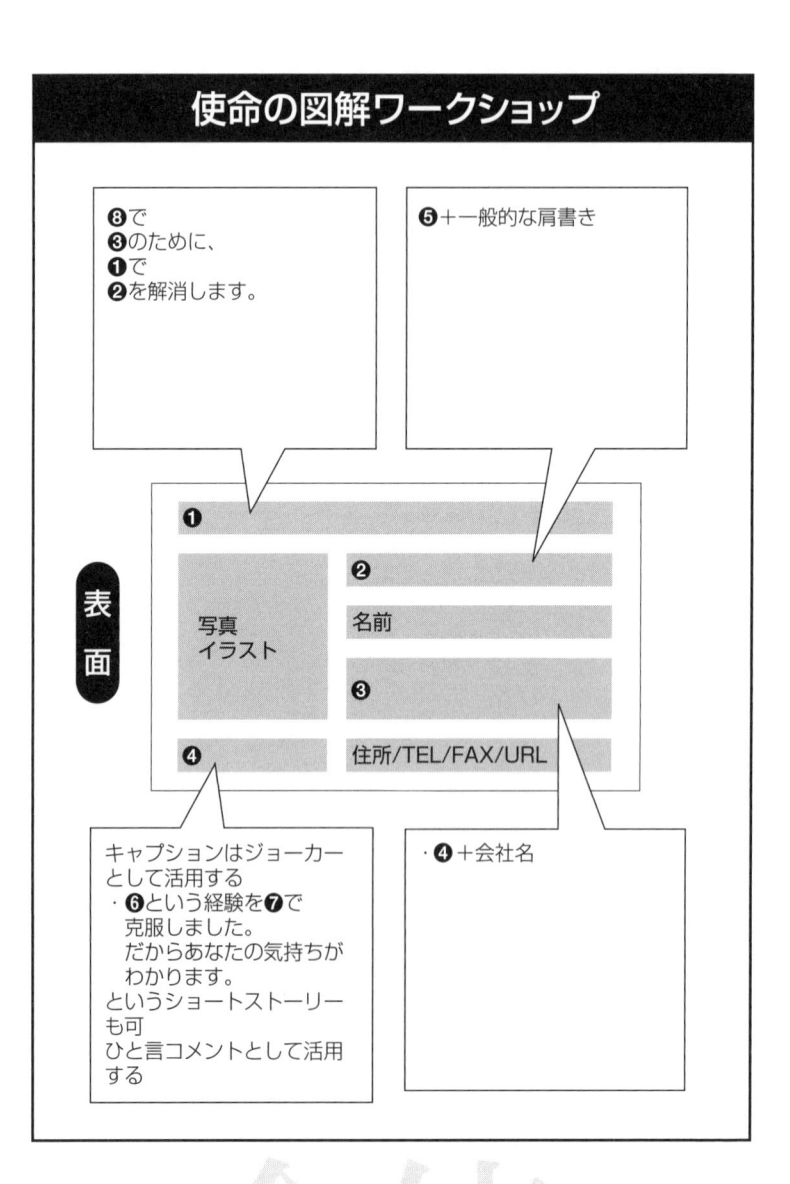

使命の図解ワークショップ

❽で
❸のために、
❶で
❷を解消します。

❺＋一般的な肩書き

表面

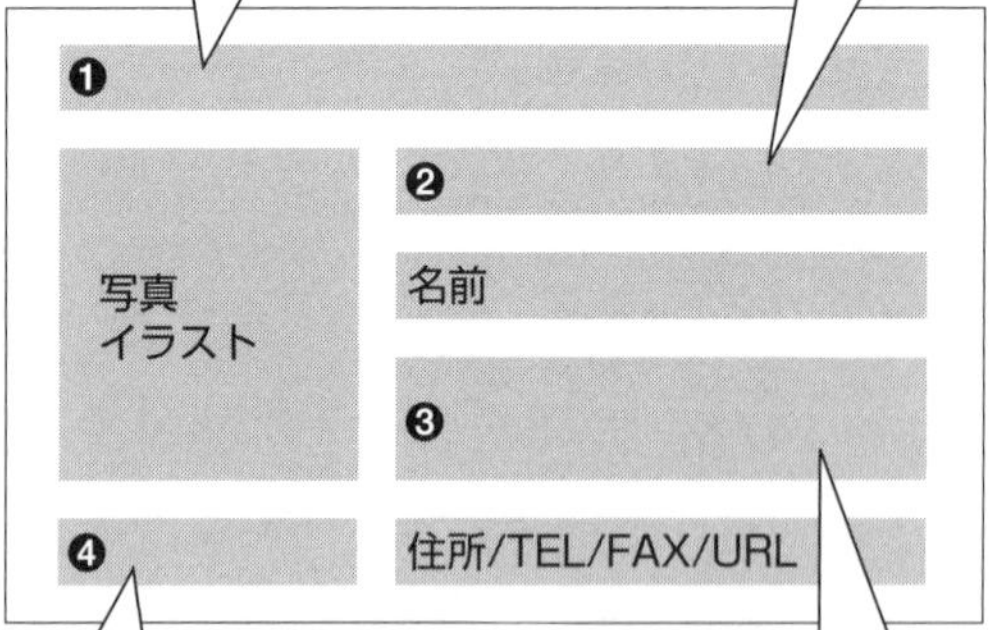
❶
写真
イラスト
❷
名前
❸
❹
住所/TEL/FAX/URL

キャプションはジョーカーとして活用する
・❻という経験を❼で
克服しました。
だからあなたの気持ちが
わかります。
というショートストーリーも可
ひと言コメントとして活用する

・❹＋会社名

使命の図解ワークショップ

中　面

この仕事を志した
ストーリーを書く

業務内容

❼という経験を❽で克服しました。
その経験から❾を学びました。
だから、あなたの気持ちがわかります。

裏　面

趣味・嗜好・実績欄

名刺の7つの仕事をさせる
プロフィール欄の内容を書く

名刺制作過程紹介

ここまで、絶対受注名刺のつくり方について話してきました。今度はあなたがつくる番です。やり方は今まで説明してきた通り、❶〜❾の質問に答えていくだけでカンタンにできます。

これだけ説明したからつくれるでしょ？　といっても、判断が難しいと思うので、実際に絶対受注名刺をつくっていただいたお二人の質問の事例を紹介します。

独立直後こそ名刺で新規開拓　経営コンサルタント▼臼井令子さん

オーダー依頼内容　独立後、新規開拓を行うために名刺で自分のやりたいことをアピールしたい。アポイント後の訪問を有意義な時間にしたい。

質問シート内容

❶一番付き合いたいお客様は誰ですか？

↓大手・中堅企業の経営者や管理職

❷付き合いたいお客様はどこにいますか？

↓紹介や仲介が多い。セミナーや勉強会で名刺交換した人に質問してもらいたい。

❸付き合いたいお客様は何に悩んでいますか？

↓売り上げを上げたい。新サービスを開発して競合との差別化を図りたい。社員のやる気や自発性を引き出したい。

❹あなたの商品・サービスは何ですか？

↓営業改革・マーケティング・組織の活性化などのビジネスコンサルティングや研修。

❺その商品・サービスでお客様の困っていることをどのように解決できますか？

↓今年独立を果たし、小さい会社だけれども大手コンサルティングファームのコンサルティングメニューを、一貫して受けることができる。

❻お客様はあなたの商品・サービスを利用することでどんな得がありますか？

↓ノウハウが社内に貯まるため、私が手を貸さなくても自立できる会社になる（継続しないとコンサルタントはお金にならないのですが、結果にこだわるためにこのスタイルでいいの

です！　これが大手コンサルティングファームと大きく違うところ）

❼ **今までお仕事をされてきた中で一番苦労したこと・つらかった出来事は何ですか？**

↓高校卒業後、そのままOLになったのですが、自分の可能性を求めてアメリカへ留学しました。しかし、留学の経験を活かそうと就職活動をするも、なかなか採用されませんでした。何とか入社したところが外資のコンサルティングファームでした。まわりは超一流大学を出たエリートばかりの環境で、女性という偏見と自分のビジネススキルの低さに毎日がヘトヘトでした。

❽ **それを克服したきっかけは何ですか？**

↓3年目のある日、これでダメなら退職する覚悟でプレゼンのチャンスをいただきました。本当にがむしゃらにお客様の結果を出すことだけを考え抜きました。わからない部分は同僚に協力してもらった結果、みごと新規の受注ができました。その間の仕事に対する姿勢もまわりに評価され、一生懸命動くことで、人も巻き込むことができるし、努力は裏切らないことがわかりました。

❾ **この経験が、今の仕事にどう結びついていますか？**

↓単に売り上げアップのノウハウを提供するのではなく、まずは人間関係の不安をなくすことが大事だと思います。社長が社員を信頼できれば売り上げは必ず付いてきます。

経営コンサルタント臼井さんの名刺（2つ折り4面）

表面

あなたに今必要なのは“売上が上がる”
マーケティングではありませんか?
大手コンサルティングファームの思考をあなたの会社へ
勝つ経営を根付かせる専門家
代　表
経営コンサルタント
臼井《うすい》 令子《れいこ》
reikousui226@gmail.com
ポケット コンサルティング
〒183-0034 東京都[redacted]
TEL [redacted] FAX [redacted]
日々の活動はブログで
http://ameblo.jp/firstlady-forever/

中面

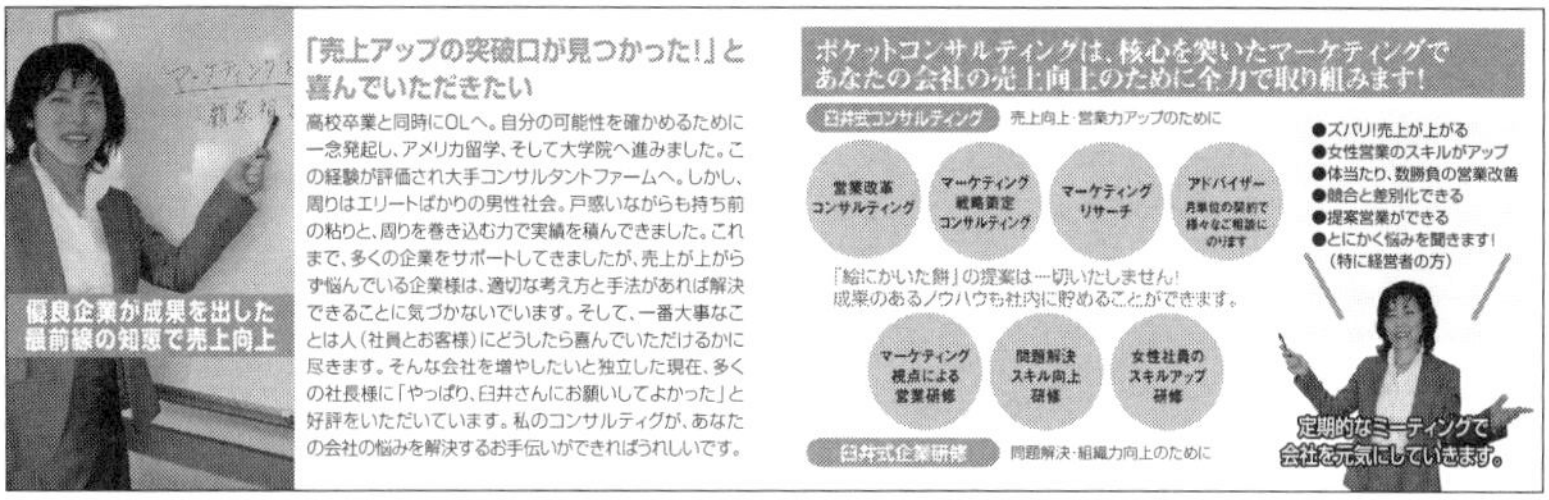

優良企業が成果を出した
最前線の知恵で売上向上
「売上アップの突破口が見つかった!」と
喜んでいただきたい
高校卒業と同時にOLへ。自分の可能性を確かめるために一念発起し、アメリカ留学、そして大学院へ進みました。この経験が評価され大手コンサルタントファームへ。しかし、周りはエリートばかりの男性社会。戸惑いながらも持ち前の粘りと、周りを巻き込む力で実績を積んできました。これまで、多くの企業をサポートしてきましたが、売上が上がらず悩んでいる企業様は、適切な考え方と手法があれば解決できることに気づかないでいます。そして、一番大事なことは人（社員とお客様）にどうしたら喜んでいただけるかに尽きます。そんな会社を増やしたいと独立した現在、多くの社長様に「やっぱり、臼井さんにお願いしてよかった」と好評をいただいています。私のコンサルティグが、あなたの会社の悩みを解決するお手伝いができればうれしいです。
ポケットコンサルティングは、核心を突いたマーケティングで
あなたの会社の売上向上のために全力で取り組みます!
臼井式コンサルティング
売上向上・営業力アップのために
営業改革コンサルティング
マーケティング戦略策定コンサルティング
マーケティングリサーチ
アドバイザー 月単位の契約で様々なご相談にのります
「絵にかいた餅」の提案は一切いたしません!
成果のあるノウハウも社内に貯めることができます。
マーケティング視点による営業研修
問題解決スキル向上研修
女性社員のスキルアップ研修
臼井式企業研修
問題解決・組織力向上のために
●ズバリ!売上が上がる
●女性営業のスキルがアップ
●体当たり、数勝負の営業改善
●競合と差別化できる
●提案営業ができる
●とにかく悩みを聞きます!（特に経営者の方）
定期的なミーティングで
会社を元気にしていきます。

裏面

ポケット コンサルティングに託す想い
①.経営者の悩みに対してさまざまなアドバイスや解決策をドラえもんのポケットのようにいろいろと出します。
②.ポケットはいつも着るジャケットにさりげなくあるものであり、便利かつないと困るものです。そんな存在を目指しています。
③.カンガルーのママのように、いつも二人の子供を抱っこしているワーキングマザーです。
■臼井令子のプロフィール
●2月26日生。滋賀県出身。AB型。うお座。神戸大学大学院経営学部修士課程卒業。
●20代に共著でビジネス本「ミッションマネジメント」を書きました。
●趣味は映画。いろんな本を読んだり、TVを見たりしてさまざまな情報を入手しています。
● アメリカが好きです（行くとわくわくします）。
●小さい時から空想したり、人間観測が好き・得意で、今の仕事にも活かされていると思います。
●2人の子供と家族が大好きです!
■マーケティングの視点書いています http://ameblo.jp/firstlady-forever/

このような臼井さんの回答に、臼井さんご自身独立されたばかりであり、大手コンサルティングファーム出身というキャリアという視点を加味して作成しました。

ちなみに、臼井さんの写真は旦那様が撮影したものです。

名刺制作に必要な最後の最後のピースは愛なんです！

マスコミ実績多数の超多忙税理士▼落合孝裕さん

オーダー依頼内容 税理士としての経験、そしてマスコミへの実績を伝えることで、お客様に信頼と安心を与えたい。

質問シート内容

❶一番付き合いたいお客様は誰ですか？
→中小企業の経営者、相続を考えている人です。

❷付き合いたいお客様はどこにいますか？
→紹介。電話やインターネット経由で問い合わせです。

❸付き合いたいお客様は何に悩んでいますか？

↓お金のこと全般。利益と節税。

❹ **あなたの商品・サービスは何ですか？**

↓財務諸表作成や節税のアドバイスなどの顧問契約。相続に強いと評判の相続税対策です。

❺ **その商品・サービスでお客様の困っていることをどのように解決できますか？**

↓お客様の悩みをじっくり聞く。丁寧な対応をすることで、お客様が望む最高の結果を出すことができます。

❻ **お客様はあなたの商品・サービスを利用することでどんな得がありますか？**

↓悩みが解消されて元気になります。

❼ **今までお仕事をされてきた中で一番苦労したこと・つらかった出来事は何ですか？**

↓ルートセールスの仕事をしていましたが、体調が悪くなり思うように作業ができなくなったことです。また、開業当時は収入の当てがなかったこと。

❽ **それを克服したきっかけは何ですか？**

↓何か資格を取れば、生活できるのではと考えて税理士を目指しました。当時は売上税の導入するしないで国会がもめていましたから、税金の仕事は困らないのではと思いました。26歳の時退職し、資格取得まで、時間をかけられないので猛勉強しました。独立当時は自分のやりたいことにチャレンジしようという気持ちが強かったです。自分を信じてよかった。

❾ この経験が、今の仕事にどう結びついていますか？

↓早く結果を出すことでお客様に喜ばれています。書類を作成することなど、スピーディに対応することは顧問先のお客様に、次の一手をそれだけ打てるチャンスを広げることだと思います。夢は、事務所の規模をもう少し大きくして、スタッフ皆のレベルを高めていくことです。皆がお客様から信頼されて喜ばれ、仕事に充実感を飽きずに持って欲しいと思っています。

このような落合さんの回答に、マスコミ実績を加味して作成しました。

以上仕事が取れる名刺についてのつくり方はひと通り終了です。

頭の中や心の中にしまって置いても、誰もあなたの想いはわかってくれません。
大事なのは仮決めでもいいので、自分の想いを名刺という形にすることです。
自分の理想とする方と、楽しく仕事ができるように命使を活用してください！
ここまでできて、初めてブランディングを意識することができます。

税理士落合さんの場合（2つ折り4面）

表面

お金の悩みをじっくり聞いて、スピーディーに対応
中小企業の経営者・相続人を真面目にサポート

社長と二人三脚で経営支援

所　長
税理士　**落合《おちあい》 孝裕《たかひろ》**

ochiai@ochiaikaikei.com

落合会計事務所 丁寧な説明が評判です

〒158-0097
東京都
TEL：03-　FAX：03-
http://www.ochiaikaikei.com/ 落合会計事務所

中面

財務を経営に直結!
業績向上のために徹底サポートします

あなたに「会社が元気になった」と喜んでいただきたい！

以前、食品会社のルートセールスを行っていた時、売上税の導入で国会が紛糾しており、会社の税金に関する仕事なら、自分でもできるかもしれないと、税理士を目指しました。

26歳で一念発起し会社を退職した後、会計事務所で働きながら3年間で税理士試験に合格しました。

現在、顧問先である会社の多くの社長さんから、財務諸表の説明が「わかりやすい」と喜ばれています。

財務諸表が読めて、経営方針がしっかりと立てられる社長の会社は、業績が良くなることが多いです。数年前まで、利益がほんのわずかしか出なかった会社が、あっという間に数千万円の黒字に変わることもあります。

落合会計事務所の提案やアドバイスで「会社が元気になったよ」と言われることが喜びです。

落合会計事務所があなたのためにできること

顧問契約：お客様の懐へ飛び込み、定期的なミーティングで業績アップ

「会社に対して財務諸表をわかりやすく説明」
「税制改正の情報をいち早く提供」
「節税のアドバイス」
「借入金の金融機関からの融資」

▶ **社長との定期的なミーティングで会社を元気にしていきます。**

※試算表や決算書を作成し、会社の業績を社長に説明します。
※質問にはスピーディーに返答することで、社長の頭をすっきりさせ、決断の精度とスピードをアップさせます。

相続税対策：税務調査が入りにくい申告書で、相続に強いと定評

税務調査が入る割合が低く、税務調査後の修正申告書の提出割合が全国平均の約1/3です。

※弊社では全国平均の5～6倍の案件を対応。信頼できる相続税の経験を持っています。
※税務署受けするような申告書ではなく、節税に関してもしっかり対応しています。

裏面

落合孝裕のプロフィール

- ●昭和36年2月28日生。東京都出身。AB型。うお座。横浜市立大学文理学部卒業。
- ●好きなこと：美術館めぐり（フェルメール展を観に大阪に行ったりしました）、読書、学生の時に卓球。
- ●子供とサッカーをしている時は、ホッとする時間です。
- ●資格：税理士、CFP®、宅建
- ●現在、税理士業務に加えて、各種セミナーや研修講師として、中小企業大学校や東京商工会議所を始め、全国を駆け巡っています。

ビジネス書でベストセラー輩出 出版累計部数15万部突破

- ●給与明細のカラクリと社会のオキテ［改訂版］：R25で紹介され一躍話題に
- ●新会社法対応 決算書の読み方が面白いほどわかる本：ロングセラー8万部
- ●改訂版「会社の税金」「社長の税金」まだまだあなたは払い過ぎ！ など、計26冊刊行
- ●日テレ「ズームイン!!SUPER」、TBS「ひるおび」などに出演、週刊ポストなど税金記事の取材で、マスコミ掲載多数。

■世田谷区、用賀の税理士　落合孝裕　朝7時から仕事しています！ ほぼ毎日更新
http://ameblo.jp/tochiai65282414 読者登録歓迎

名刺でブランディングはできるのか

まず自分の存在を認めることから始める

ブランディングセミナーでよく聞く話に「日本で一番高い山は富士山ですが、2番目に高い山はどこでしょう？」という質問が出されます。

答えは北岳ですが、この質問に答えられた人はどのくらいいるでしょうか？　と。その後につづくのは、だからナンバーワンでないとブランドとして認知されないので、ナンバーワンを目指さないといけないというものです。

本当にそうでしょうか？　これだとほとんど富士山以外は山じゃないと言っているようなものです。

富士山以外でも有名な山はたくさんあります。東京であれば高尾山は行楽のメッカですし、阿蘇山のカルデラは見事なものです。八甲田山や剣岳なんて映画にもなりました。高尾山には高尾山にしかない良さがありますし、富士山と比べて小さいからといって高尾山に魅力がないわけではありません。

つまり、日本一背が高い山は富士山であって、私の家から一番近いのは浅間山であり、高尾山の頂上ビアガーデンは夏最高だし、阿蘇山のカルデラはもう一度見たいなど、山それぞれについて、自分でカテゴリを分けてブランディングしているんです。

大事なのは山一つ一つにもブランドがあることです。それを、わかるように伝えていないだけなのです。

それと同じで**人は誰でも、自分というブランドを持って生まれてきています。あなたは、何者でもなく、あなたそのもののオンリーワンの存在です。あなたの隣にいる富士山を見上げて、羨んだり、卑屈になったり、惑わされなくても大丈夫なんです。**

あいだみつをさんの詩に、これを言い当てたものがあります。

みんなほんもの
トマトがねえ　トマトのままでいれば　ほんものなんだよ
トマトをメロンに　みせようとするから　にせものに　なるんだよ
みんなそれぞれに　ほんものなのに　骨を折って　にせものに　なりたがる

「いのちのことば」より引用

ブランド構築はむずかしいというワナ

自分自身が生まれながらにしてブランドだと話しました。しかし、どんなにすばらしいブランドであっても、すべてのブランドが機能しているとは限りません。なぜでしょう？　なぜなら、自分一人だけでブランドは構築できても、自分以外の人に認知されなければ確立できないからです。

自分は○○というブランドをつくったり、思ったりしているだけの状態が構築。その状態では、自分一人だけ満足しているわけですから、ブランドが機能していようといまいと構わないのです。

しかし、**私たちが欲しいのは、他者から「○○といったら××さんと認めてもらうこと」で、しっかりと自分が構築したブランドで認識されたいのではないでしょうか？**
ブランドは単純に構築しただけではなく、まわりに認められなければ指名買いはされません。

そのため、ブランドを構築することだけに目を向けるのではなく、確立させるためにこそ全力を注ぐ意味があります。

名刺交換に求めることは、不特定多数の中の誰かではなくて、自分自身を知ってもらうこと、そして、この出会いがきっかけで仕事に繋がることでしょう。その中で、「○○さんは××」という、自分が望むタグをつけてもらえるように接することが必要になります。それをブレることなく達成させるために、名刺に７つの仕事をさせるのです（第４章）。

富士山は、日本一高い山を発信して認識されています（実際には数字で判断しているのですが）。北岳だって、「万年２番手の北岳です！」というキレキャラだったりすると、覚えてもらえるかもしれませんね。

無論、自分ブランドは名刺だけで完結するわけではありません。さまざまなメディアを活用して発信していくのですが、その中でも、直接お客様と触れ合い、話す機会を持つことのできるメディアである名刺は魅力的ですよね。

オンリーワンの水戸黄門になろう！

不景気になると資格取得を目指す人が増えます。資格を持つ最大のメリットは何でしょうか？

それは、信頼です。資格は最初から、信頼という葵のご紋を掲げて仕事ができるのです。

それなのに、資格を取ったけれど、仕事がない……。

そんな状況に苦しんでいる人がいます。

苦労して数年にわたる猛勉強をし、念願の○○士としての資格を取得。ここまで何かと家族の協力を得て、自分の睡眠時間を削って、何かを我慢してようやく勝ち得た資格なのにです。

さらには、そこから数年修行しての独立を果たした人もいるでしょう。それだけ資格を取ることはたいへんなことです。

しかし！　しかしです。資格を取って独立したといっても、そこで突き付けられるのは「あなたは、あの○○士の人と何が違うんですか」「○○士っていっぱいいますが、僕の悩みを本当に解決できるんですか」といった、他の同業者との比較ばかり。自分の望むお客さんにめぐり合えずに、心が萎える状況に疲労困憊《こんぱい》ではないですか？

折角、何年もかけて取った資格なのに、資格を取得しただけでは仕事を呼び込むことができないなんて、何で資格が機能しないんだ……全く途方にくれてしまいますね。

それは、葵のご紋を持っている黄門さまは何人もいるからなんです。

いくら「ひかえ！ひかえ～っ！　この紋所が目に入らぬか！」と叫んでも、目には入っていますが、あれ？　さっきも同じことを言われたから、「あなた、本当に水戸の黄門さまなの!?」と逆に疑われたりします。

あなたのまわりにある、「ライバル店との差別化ができていない」から、あなたを指名して訪れるお客様がいないんです。資格を取ったのに、仕事を得るためには違う能力が必要だなんて酷過ぎますね。

これは士業の方に限ったことではなく、中小企業の社長なら直面している、むしろ、起業した瞬間から考えている課題です。

私も、業界は違いますが、ＤＴＰ検定Ⅰ種という資格を持っています。

この資格はパソコン上で印刷物のデータ作成がプロとしての技能を満たしていることを保証していますが、だからといって、資格を取得していると掲げただけで仕事がくるかは別問題です。

お客様がＤＴＰ検定Ⅰ種という言葉を聞いても、この資格がお客様自身にとってどれだけの価値があるものかわかりませんし、お客様のつくりたいものを引き出せるかどうかは、ヒアリング力やアイディア力といった、実作業前が重要だったりします。

だからといって無駄かというとそうでもなく、ＤＴＰ検定って何ですかと聞かれると、

「イラストレーターやフォトショップというレイアウトソフトを使って、名刺やチラシなどの印刷物のデータ作成がきちんと作成できることを表す資格です。だから、腕はありますよ」

と伝えることで、自分のスキルの高さをアピールできます。

重要なのは資格そのものではなく、資格を取得したあなたの自身の価値です。

そして、資格を取得したことで、何を成し得たいのかをお客様に伝えることが重要です。


自分の価値を発見して、それを名刺でどう伝えるか。それだけです。

自分の価値の発見の仕方は、もうおわかりですよね。

あなたの命使、ぜひ見せてください！　楽しみです。


次章は私が名刺を使いつづけて体験した、名刺を使って夢を叶える方法について話します。

そんな馬鹿な！　と思わずにページを進めてください。

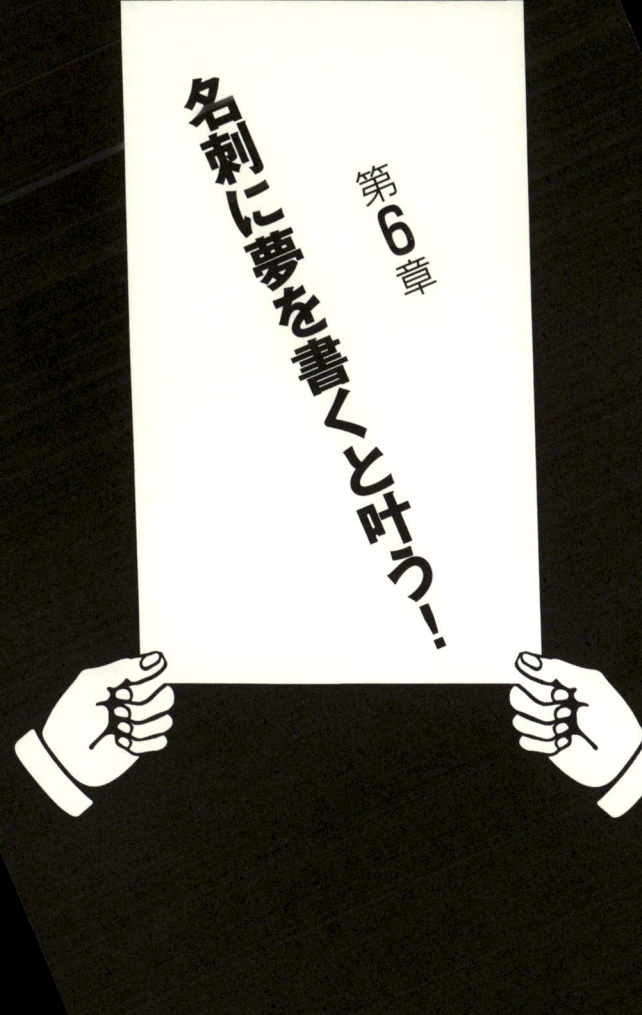

第6章
名刺に夢を書くと叶う！

クリスマスにお願いしよう

私は毎年、年の瀬が近づいてくると、今年の10大ニュースとともに来年の抱負を名刺に書いて、クリスマスバージョンを作成しています。

これは、この時期だけの限定名刺になるので忘年会などで相手に与えるインパクトに加えて、1年分の成果というピンポイントな情報を与えることができるので非常に重宝します。

それだけだと、面白いネタ満載の名刺で終わるのですが、この章で伝えたいことは、**来年の抱負を名刺に書くと目標が達成できてしまう**ことにあります。

これって、夢を紙に書くと叶うとか、潜在意識の話？　と思われた方は鋭いですね！ただし、私自身、このようなスピリチュアルや、潜在意識などの勉強をしたことがないので、着地点はそこではありません。

私はセミナーの最後に「名刺に夢を書くと叶うんです。去年名刺に書いた来年の抱負が全部達成していたんですから。しかも、書いた本人すら忘れていて、そういえばそろそろ来年の名刺をつくろうと、去年の名刺を見たら全部叶っていて本当に驚きました！」と話しています。

この経験から、名刺に書いたことを無理にやろうと思わなくても、書くだけで夢が叶うんですと伝えていました。

しかし、自分の中でなぜ名刺に夢を書くと叶うのかがきちんと説明できていないんじゃないのかという葛藤がありました。「世間で夢を紙に書くと叶うと言われていますよね」という理由だけで結論づけるのが嫌だったんです。

そんな時期に、夏川賀央さんの『成功者に学ぶ　心をつかむ言葉術』という本に出会いました。そこにはこんなことが書かれていました。

＊　＊　＊

「オレは大金持ちになるんだ！」と言っていれば、「じゃあ今度、投資に関するセミナーがあるけど行ってみる？」なんて誰かが声をかけてくるかもしれません。

あるいは、そんなせりふをいつも聞いていた上司が、「そんな将来に意欲的なら、ひとつこの仕事でもやらせてみるか……」なんて、考えはじめる可能性もあります。

それなら「自分の思いをどんどん言葉にして、積極的に発信したほうがいい」となりますね。

それどころか、実は言葉はそのために生まれたのではないか、という進化論の研究まであるのです。スウェーデンの大学教授が書いた『ヒトはいかにして知恵者となったのか』（ペーテル・ヤーデンフォシュ著、研究社）という本では、「ゴシップ理論」と言われるこんな説を紹介しています。

「言語は主としてコミュニケーションのために用いられているのではなく、集団のメンバーの社会的なつながりを強めるためのものなのだ」

これは、情報伝達でなく、「思い」で人を惹きつけていくための手段として、言葉が生まれてきたということです。

考えてみれば、〝情報を伝える〟というだけだったら言葉は必要ないのです。他の動物もやっていることであり、アリなどはたぶん人間よりずっと正確に、上司（女王アリ）の命令を部下（働きアリ）に伝えているでしょう。それでも人間だけが言葉を発達させてきた。それは「言語が将来の目標に対して協調することを可能にしている」という理由が大きかったようです。

＊　＊　＊

この文章を読んだ時、自分の言葉で伝えることで夢や目標が現実化することがストンと胸に落ちました。

私の父は4年前、末期の舌ガンのため、舌と咽頭を全摘出しました。15時間以上の手術の結果、命はとりとめましたが、言葉を失いました。今は声を聞くことはできませんが、筆談と表情でコミュニケーションを取っています。

さらに、携帯メールの文字入力を覚え、メールでの会話を楽しんでいます。最近では顔文字まで入れられるようになり、コミュニケーションの質が上がってきていることが目に見えてわかります。私が小さい頃の頑固オヤジだったイメージが、かわいいおじさんにすっかり替わってしまいました。

また、1歳になる息子とは文字によるやり取りができない代わりに、幼児言葉と体全体の表現でコミュニケーションをしてきます。ほとばしるエネルギーを抑えきれない！ そんなパワーにあふれています。

両者とも、完全な言葉によるコミュニケーションが取れていませんが、発する言葉や文字には、「自分のことをわかって欲しい」「しっかりコミュニケーションしたい」といった、はっきりとした意志が伝わってきます。

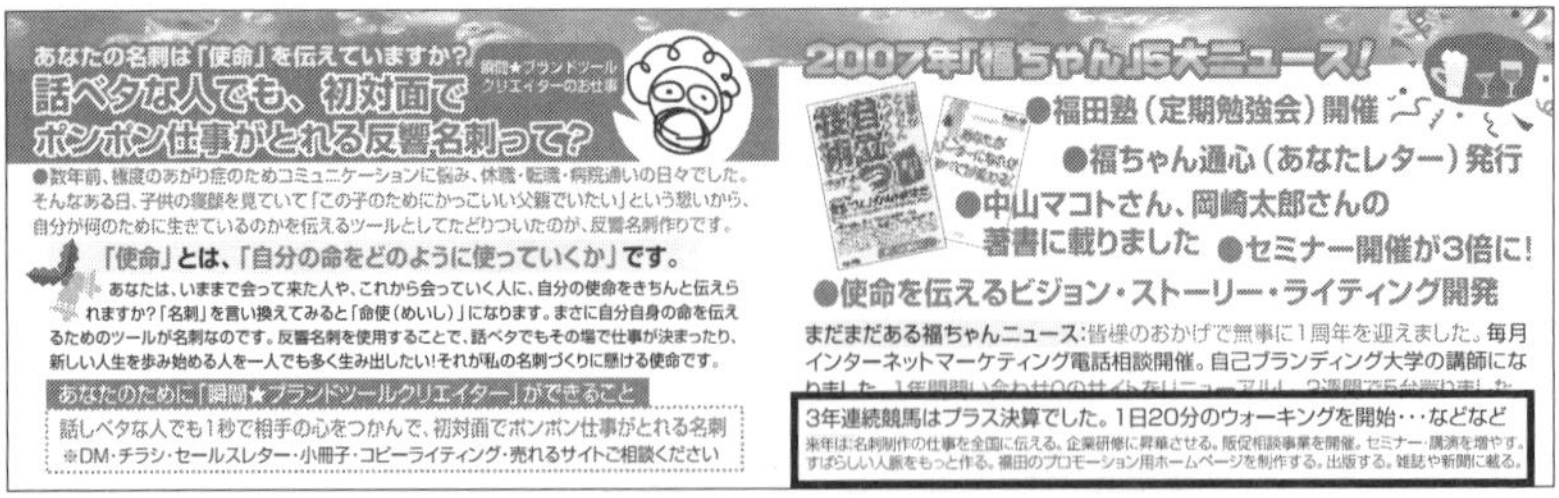
あなたの名刺は「使命」を伝えていますか?
瞬間★ブランドツール
クリエイターのお仕事
話ベタな人でも、初対面で
ポンポン仕事がとれる反響名刺って?
●数年前、極度のあがり症のためコミュニケーションに悩み、休職・転職・病院通いの日々でした。
そんなある日、子供の寝顔を見ていて「この子のためにかっこいい父親でいたい」という想いから、
自分が何のために生きているのかを伝えるツールとしてたどりついたのが、反響名刺作りです。
「使命」とは、「自分の命をどのように使っていくか」です。
あなたは、いままで会って来た人や、これから会っていく人に、自分の使命をきちんと伝えられますか?「名刺」を言い換えてみると「命使(めいし)」になります。まさに自分自身の命を伝えるためのツールが名刺なのです。反響名刺を使用することで、話ベタでもその場で仕事が決まったり、新しい人生を歩み始める人を一人でも多く生み出したい!それが私の名刺づくりに懸ける使命です。
あなたのために「瞬間★ブランドツールクリエイター」ができること
話しベタな人でも1秒で相手の心をつかんで、初対面でポンポン仕事がとれる名刺
※DM・チラシ・セールスレター・小冊子・コピーライティング・売れるサイトご相談ください
2007年「福ちゃん」5大ニュース!
●福田塾(定期勉強会)開催
●福ちゃん通心(あなたレター)発行
●中山マコトさん、岡崎太郎さんの著書に載りました
●セミナー開催が3倍に!
●使命を伝えるビジョン・ストーリー・ライティング開発
まだまだある福ちゃんニュース:皆様のおかげで無事に1周年を迎えました。毎月インターネットマーケティング電話相談開催。自己ブランディング大学の講師になりました。
3年連続競馬はプラス決算でした。1日20分のウォーキングを開始・・・などなど
来年は:名刺制作の仕事を全国に伝える。企業研修に昇華させる。販促相談事業を開催。セミナー・講演を増やす。すばらしい人脈をもっと作る。福田のプロモーション用ホームページを制作する。出版する。雑誌や新聞に載る。

中面

――最初は何気なく来年の抱負を書いただけでしたが…

Happy Merry X'mas
&
Happy New Year
大福より愛を込めて
今年もお付合いいただき大感謝!
あなたの名刺は「使命」を伝えてますか?
話ベタな人でも、初対面で
ポンポン仕事がとれる反響名刺
瞬間★ブランドツールクリエイター
福田 剛大
Takehiro Fukuda
移動オフィス:090- -
スグ連絡つきます
E-mail:takehiro.fukuda@gmail.com
〒162-0065
TEL:03-
FAX:03-

表面

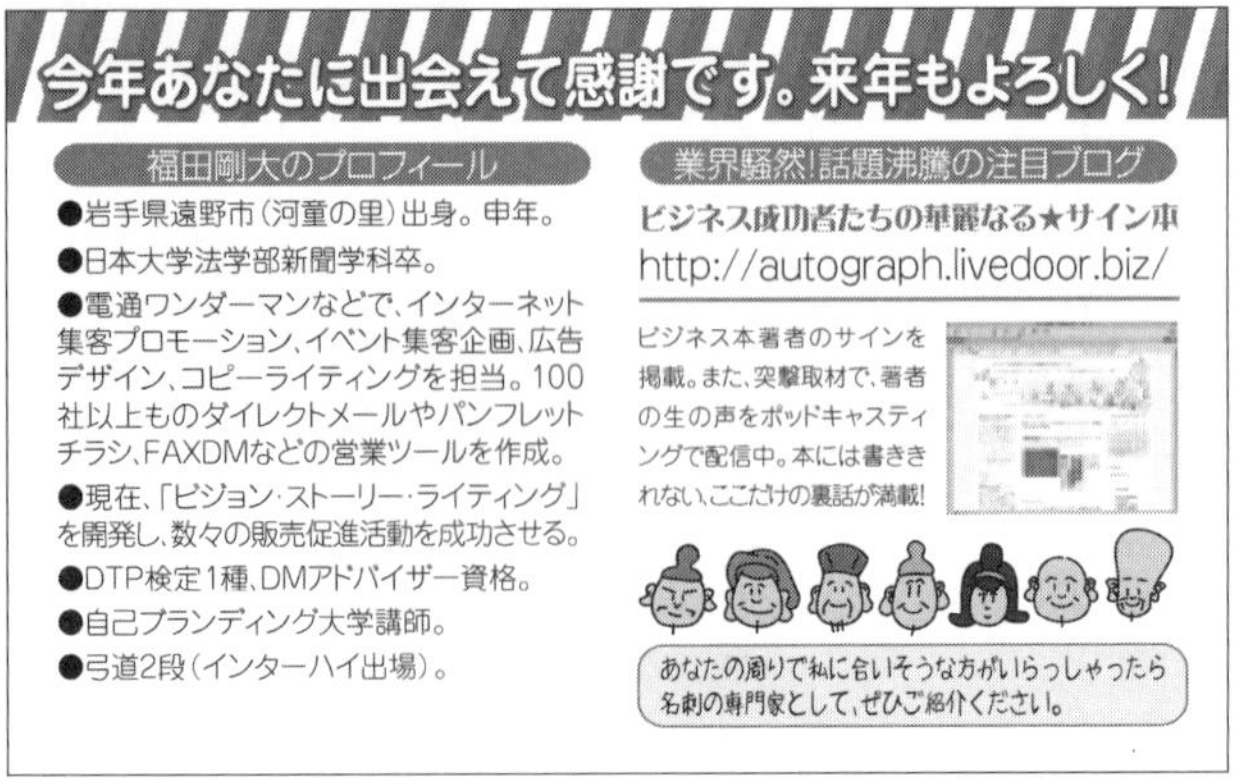
今年あなたに出会えて感謝です。来年もよろしく!
福田剛大のプロフィール
●岩手県遠野市(河童の里)出身。申年。
●日本大学法学部新聞学科卒。
●電通ワンダーマンなどで、インターネット集客プロモーション、イベント集客企画、広告デザイン、コピーライティングを担当。100社以上ものダイレクトメールやパンフレットチラシ、FAXDMなどの営業ツールを作成。
●現在、「ビジョン・ストーリー・ライティング」を開発し、数々の販売促進活動を成功させる。
●DTP検定1種、DMアドバイザー資格。
●自己ブランディング大学講師。
●弓道2段(インターハイ出場)。
業界騒然!話題沸騰の注目ブログ
ビジネス成功者たちの華麗なる★サイン本
http://autograph.livedoor.biz/
ビジネス本著者のサインを掲載。また、突撃取材で、著者の生の声をポッドキャスティングで配信中。本には書ききれない、ここだけの裏話が満載!
あなたの周りで私に合いそうな方がいらっしゃったら名刺の専門家として、ぜひご紹介ください。

裏面

◆クリスマス名刺

一年後すべて叶っていました！

中面

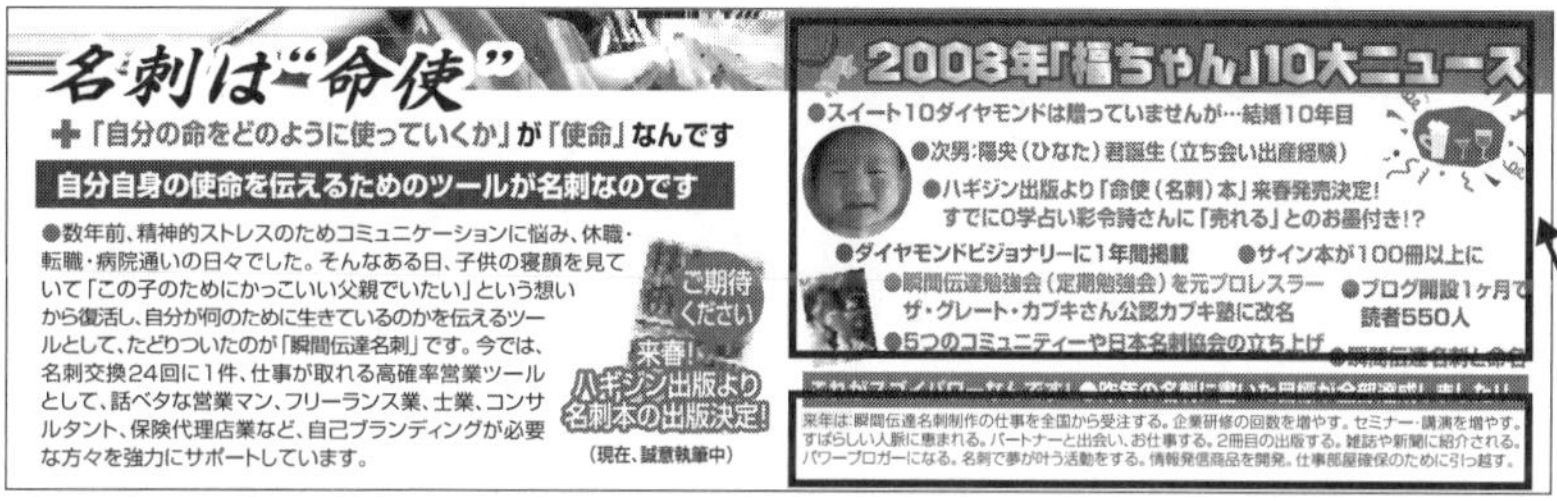

名刺は“命使”
「自分の命をどのように使っていくか」が「使命」なんです
自分自身の使命を伝えるためのツールが名刺なのです
●数年前、精神的ストレスのためコミュニケーションに悩み、休職・転職・病院通いの日々でした。そんなある日、子供の寝顔を見ていて「この子のためにかっこいい父親でいたい」という想いから復活し、自分が何のために生きているのかを伝えるツールとして、たどりついたのが「瞬間伝達名刺」です。今では、名刺交換24回に1件、仕事が取れる高確率営業ツールとして、話ベタな営業マン、フリーランス業、士業、コンサルタント、保険代理店業など、自己ブランディングが必要な方々を強力にサポートしています。
ご期待ください
来春！ハギジン出版より名刺本の出版決定！
（現在、誠意執筆中）
2008年「福ちゃん」10大ニュース
●スイート10ダイヤモンドは贈っていませんが…結婚10年目
●次男：陽央（ひなた）君誕生（立ち会い出産経験）
●ハギジン出版より「命使（名刺）本」来春発売決定！すでに0学占い影令詩さんに「売れる」とのお墨付き！？
●ダイヤモンドビジョナリーに1年間掲載
●サイン本が100冊以上に
●瞬間伝達勉強会（定期勉強会）を元プロレスラー ザ・グレート・カブキさん公認カブキ塾に改名
●ブログ開設1ヶ月で読者550人
●5つのコミュニティーや日本名刺協会の立ち上げ
来年は：瞬間伝達名刺制作の仕事を全国から受注する。企業研修の回数を増やす。セミナー・講演を増やす。すばらしい人脈に恵まれる。パートナーと出会い、お仕事する。2冊目の出版する。雑誌や新聞に紹介される。パワーブロガーになる。名刺で夢が叶う活動をする。情報発信商品を開発。仕事部屋確保のために引っ越す。

そこで2008年の抱負も書くと、翌年達成していました

表面

名刺は“命使”
あなたに出会えてありがとう
office 大福
Happy Merry X'mas '08 & Happy New Year '09
瞬間★ブランドツールクリエイター
福田 剛大 ふくだ たけひろ
スグ連絡つきます
たまに出られずすみません
移動オフィス：090-
E-mail：takehiro.fukuda@shunkan-dentatsu.com
〒183-0005 東京都
TEL＆FAX：
☜3の倍数ばかりですが、アホになりません
話ベタでも初対面で仕事が取れる！「瞬間伝達名刺」
ver.2008X'mas
http://www.shunkan-dentatsu.com
瞬間伝達

裏面

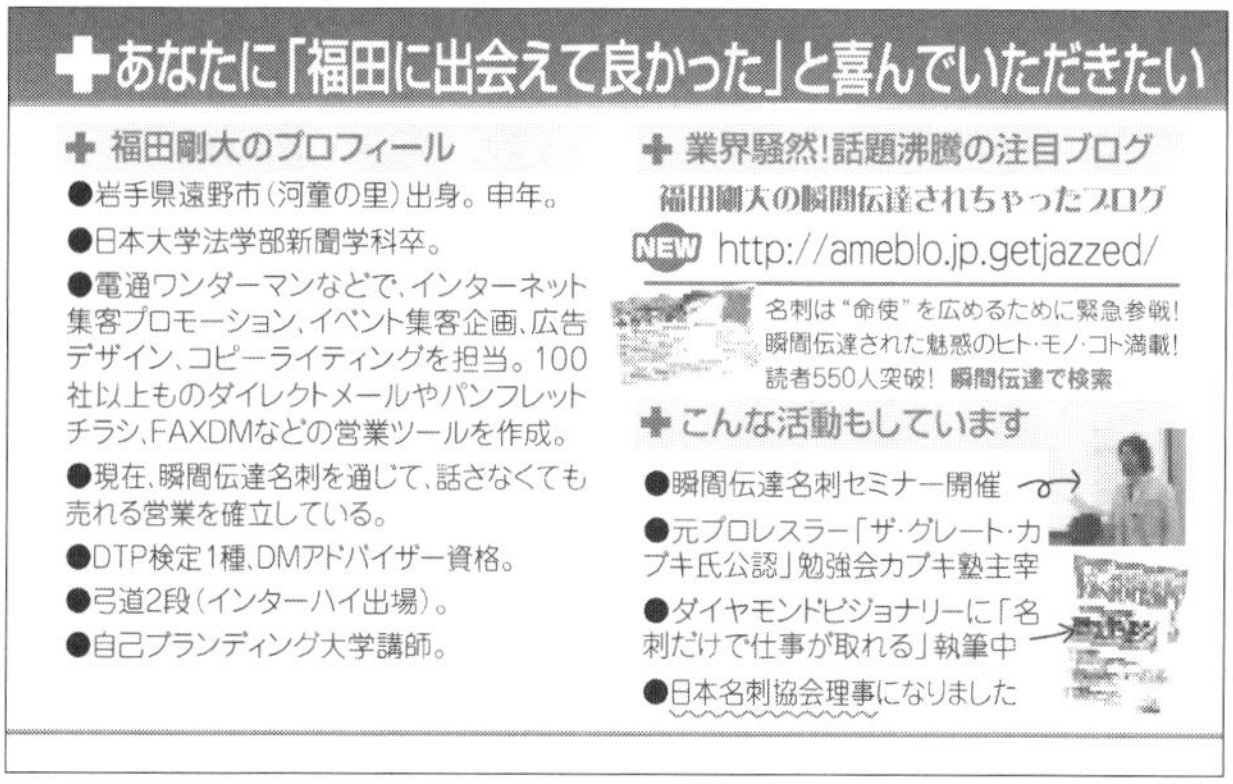

あなたに「福田に出会えて良かった」と喜んでいただきたい
福田剛大のプロフィール
●岩手県遠野市（河童の里）出身。中年。
●日本大学法学部新聞学科卒。
●電通ワンダーマンなどで、インターネット集客プロモーション、イベント集客企画、広告デザイン、コピーライティングを担当。100社以上ものダイレクトメールやパンフレットチラシ、FAXDMなどの営業ツールを作成。
●現在、瞬間伝達名刺を通じて、話さなくても売れる営業を確立している。
●DTP検定1種、DMアドバイザー資格。
●弓道2段（インターハイ出場）。
●自己ブランディング大学講師。
業界騒然！話題沸騰の注目ブログ
福田剛大の瞬間伝達されちゃったブログ
NEW http://ameblo.jp.getjazzed/
名刺は“命使”を広めるために緊急参戦！
瞬間伝達された魅惑のヒト・モノ・コト満載！
読者550人突破！ 瞬間伝達で検索
こんな活動もしています
●瞬間伝達名刺セミナー開催
●元プロレスラー「ザ・グレート・カブキ氏公認」勉強会カブキ塾主宰
●ダイヤモンドビジョナリーに「名刺だけで仕事が取れる」執筆中
●日本名刺協会理事になりました

言葉で意志を伝える大切さ

言葉を自由に使える状態だからこそ、言葉そのもののパワーを意識せずに軽々しく使ってしまう傾向にあります。

私は、自分の意志を自分の言葉で表現することは、生きていく上でものすごく重要なことだと家族を見ていて気づかされました。

自分の言葉で夢や目標を書く。なりたい自分を書く。それが上手な表現でなくてもかまいません。むしろ、恥ずかしがって伝えないことが罪とさえ思えます。言葉が意思を伝えるために発達したのなら、その裏側にある想いは必ず人に伝わるのです。

そして、「集団のメンバーの社会的繋がりを強めるために機能する」という定義から、自分だけで完結させるのではなく、たくさんの人に伝えることで夢の実現が加速していくことが導き出されます。さらに、応援される人になることにも繋がりますね。

そこで、名刺に夢を書くと叶うことについて改めて話すと、

名刺に夢や目標を書く

↓

人に渡す

↓

名刺を渡すたびにやろうと思い、努力する

この流れが夢を実現させます。

そして、借り物ではない自分の言葉で書くことで、さらに具体的なビジョンとなって加速します。

大事なのでもう一度言いますね。**自分を信じて、何のために今の仕事をしているのか、名刺に書いて伝えていきましょう！**

「と金」の法則

私が使命を見つける過程で気づいた法則があります。

それが「と金の法則」です。

将棋の駒に「歩」があります。歩とは矢面に立たされている足軽のような存在です。

読んで字のごとく一歩一歩しか歩めません。ヤバイと思っても後ろにバックもできません。時には捨て駒にされることもあります。


それでも一歩一歩。ひたすら前進のみ。

そして、幾度の試練を乗り越えて敵陣に入った瞬間、「歩」から「と金」へ成ることができます。


まさにある臨界点を超えた結果、努力が実を結んだ瞬間です。

私を含めて、つらいと感じてあきらめてしまう人が大半です。

愚直に進むことを恐怖に感じます。未開のルートを切り開いて、自分だけの道を作ることが無意味に思ってしまいます。

しかし、あなたのその努力はあなたを決して裏切りません。

あなたが進んできた一歩一歩はあなたそのもの。ウソではありません。

臨界点を超えると、数量は1のままですが、質が変わります。

前進しかできなかった歩が、斜め後方以外、どこでもひとマス進むことができます。

あなたは一人ですが、格段にできることが増え、結果が違ってくるのです。

あなたはお客様に何ができるのか？

それはどんな想いから生まれたものなのか?

あなたらしい、自分の言葉で伝えていくと、きっとあなたが望む結果を得ることができるでしょう。

あなたの経験は誰かの役に立ちます！

あなただからこそできることがきっとあります！

第7章

いい仕事をする人は名刺にお金をかけている

自分でつくるか、業者に頼むか

ここまで、名刺の原案づくりについて話してきました。原案ができたら、次は名刺を形にする作業になります。ここで選択肢は2つあります。

自分でつくる方法と、デザイン会社や印刷会社などに外注する方法です。

自分でつくるメリット

〈制作面〉

・コストが安い
・自分好みのレイアウトができる
・いつでも細かい変更ができる
・制作過程を楽しんでつくれる

〈印刷面〉

・家庭用プリンターで必要な枚数を必要な時につくれる

自分でつくるデメリット

〈制作面〉

・時間がかかる
・高度なレイアウトする場合、デザイン専用ソフトを使わなければできない
・これでいいという正解が導き出しにくい
・できあがりが素人っぽく見える

〈印刷面〉

・2つ折り以上の名刺をつくる際に、調整の手間がかかる
・大量に必要な場合、プリントするのが大変だし、トナー代もバカにならない

業者に頼むメリット

〈制作面〉

・時間と手間を軽減できる
・きれいなデザインで、人に与える印象がいい
・参考になるイメージを伝えると、同じように表現してくれる
・関係が良好な場合、さらにブラッシュアップしてくれるアイディアをもらえる

〈印刷面〉

・凝った折り加工でも、ある程度表現できる
・大量に必要な場合でも、注文するだけで納品してくれる

業者に頼むデメリット

〈制作面〉
・コストが割り増しになる
・簡単な文字修正にも料金がかかる
・テンプレートしか使用できない場合、自由にレイアウトできない

〈印刷面〉
・発注から納品まで時間がかかる
・最低ロットがあるので、10枚以下の対応がむずかしい

コストだけを考えれば、ご自分で作成することを選ばれる方が多いかもしれませんが、あなたがこの本を手に取った目的を今一度思い出してください。

名刺だけで仕事を「絶対受注」したい！

ではないでしょうか？

私の場合は、自分で名刺のデータを作成し、印刷を業者に依頼しています。私はデザイ

ンの専門家でもあるので、名刺データをつくることはお茶の子さいさいです。しかし、デザインスキルがある、ない以前に、名刺の出来不出来で仕事の受注が左右されてしまうなら、きちんとレイアウトし、印刷された名刺にすることをおススメします。

習慣の専門家で行動習慣マイスターの佐藤伝さんは、10年くらい前に檜の名刺にした途端、仕事がバンバン舞い込んだと言います。

「単価は２５０円くらいしたけれど、名刺にお金をかけてよかったね。そこから、会話が膨らんで、今でも懇意にしてくれる方とめぐりあえたから。今なら福田さんの名刺術があるけど、僕もその檜の名刺の経験があるから、名刺にはお金をかけて、人と出会うことを楽しむことが重要ですよ」と笑顔を交えて話してくれました。

「名刺にお金をかけられる人＝いい仕事をしてくれる人」という認識は、社長や著名人であればあるほど持っていることは第４章でお伝えしました。

直接人に会って、自分を知ってもらう名刺だからこそ、一番神経を使って、出会う人すべてに感謝の気持ちを表現しきりましょう！

この本を読んでいるあなたは、絶対いい仕事をしてくれる人です。それを、人に伝えやすくするために「名刺にお金をかける」という選択肢も持ってください。

発注先の選び方のコツ

名刺のデザインや印刷に関しては、日ごろから懇意にしているところがない方は、インターネットで検索することがいいと思います。「名刺　制作」「名刺　デザイン」「名刺印刷」というキーワードに加えて、「早い」「格安」「仕事が取れる」などの用途を加えて、ご自分にぴったりのところを見つけてください。

盛り込む内容に関しては、あなたの原案を基に、制作会社やデザイナーと２人３脚でつくっていくとより良いものができ上がるでしょう。

ただし、自己主張の強すぎるデザイナーには、しっかりと自分の想いが伝わるようにデザインして欲しいと伝えてください。けっして芸術作品にしないでくださいね。

参考までに印刷料金は、普通サイズ両面カラー１００枚で５０００円前後、２つ折りタイプ両面カラー１０００枚で８０００円前後で考えるといいでしょう。

ただし名刺の仕様や、紙質、印刷方法で値段に差があるので、サイトに書いてある内容を比較する必要があります。

ちなみに、時間の節約と自分の方向性を明確にしたいなら、私に名刺コンサルティングを依頼してみるのも選択肢としてお考えください。あなたの使命の引き出しから、コピー制作、デザイン、印刷まで一元管理で対応いたします。

「絶対受注名刺」は誰でもつくれます。そして、人生を変えられます

……あとがきとして

最後までお読みいただき本当にありがとうございます。

ここまで名刺で、「絶対受注できる名刺のつくり方」を余すところなく書いてきました。名刺が仕事を取ってくることに気づいたことで、人とコミュニケーションが取れなかった昔の自分を救うために、名刺を活用してきました。そして今、私と同じ境遇で苦しんでいる方の手助けをすることが私の使命となりました。

こうやって、自分のふり返りをしながらあとがきを書いている時に、私の進んできた道をブログで紹介していた記事にめぐり合いました。

ブランドの築き方は自信がなかった人に聞け！

彼に会ったのはあるセミナーの席でした。

「あゆさん、サインして一緒に写真撮ってもらえますか?」

彼はわたしの本を買ってきてくれていました。なんでも著者のサインをもらうのが趣味で、話したことを写真とともにブログにアップしているそうです。

正直言って、よくある有名人大好きブログかなと思いました。

でも彼からはギラギラ感を感じないのが不思議でした。

数年後、彼が名刺の仕事をし始めたと知ります。

わたしもある時、名刺を切らして困っていた時バッタリ彼に出会い納期も短いからダメもとでお願いしたらすごく気持ちよく受けてくれたのです。

その時、わたしは知りました、彼がセミナーで著者のサインをもらい始めたほんとうの理由。

対人関係が苦手でリハビリのためにセミナーに出かけ、せっかくならと著者のサインをもらって話を聞いた。

そして…実はそのことが彼の人生を開いたのです。

ついこのあいだ彼はあるセミナーにゲスト講師として登壇していました。そして何十枚もの名刺をこれもこれもと見せます。その何十枚もの名刺は…彼の名刺を使って出版が決まった人の名刺でした。

自分の苦手を克服するために著者コミュニティに入った、それも本を買ってサインをもらいブログで紹介する、著者が喜ぶ形で。

口下手だったから名刺のチカラを借りた。そうしたら、彼の得意なデザインの仕事と名刺がつながり、自分以上に自分を語る名刺を作ると言う天職が舞い降りた。

そして彼自身の出版も決まっていたのです。

彼、福田さんは全く自信がなかったところからブランド人に変わって行った人です。わたしが証人です。自信のなさこそが彼のスタートでした。

彼は誰よりあなたの不安や戸惑いを分かってくれるはずです!

わたしも、恋愛マニアのみんながいてくれたから、出版できたと思っています。

(6月4日付け　藤沢あゆみ公式ブログ「モテる人の秘密 日刊モテゾー」
http://ameblo.jp/motezo/entry-10553525280.html より1部抜粋引用)

この文は、著作累計55万部の作家、藤沢あゆみさんのブログです。あゆみさんのような、著名な方と知り合えたきっかけも1枚の名刺でした。

読んでわかるように、私も最初からうまくいったわけではありません。自分を伝えたいし、相手のことも知りたい。そのために、「心をつかむアイディア」と「共感を呼ぶ使命」を名刺に盛り込んで、人に会いに行った。このことが、人生を自分の望む方向へと変えて行きます。

名刺で、仕事を取るための最大の奥義は、名刺をつくることではなく、**「名刺を持って、友達をつくること」**です。友達になるには、自分ってこんな人間だということを知ってもらわないと始まりません。何度も顔を合わせて、自分を知ってもらうステップを、一瞬で叶えてしまうのが絶対受注名刺です。

知らない人には、いきなり発注はしませんが、いきなり友達になってしまえば、その場で受注になることも必然です。それは、ネットショップだって同じことです。直接対面できないからこそ、余計に、あなたと友達になりたい想いや姿勢が大事になってきます。

そろそろ、ページの終わりが近づいてきましたが、ここまで読んだあなたは「自分も名刺をつくって、人に会うことで人生を変えられる！」そう確信できていると思います。

あなたの使命はあなただけのものです。他に代替が利かない、世界でたった一つのかけがえのない宝物。多くの方が自分の宝物に気づいて、たくさんの方と交流するたびに、さらに素敵な宝物が増えていくでしょう。ひょっとすると黄金の国ジパングとは、使命を持って活き活きとしている人ばかりが住む国のことかもしれませんね。

日本中の名刺交換の場が、宝物の交換の場になるように今日も名刺に関わる活動をしていきます。そこには、あなたもいます。

名刺は命使

さぁ！　あなたの命の使い方を名刺に書いて、明るい世の中にしていきましょう！

最後に、亀以上に遅い執筆に忍耐強く応援していただいたハギジン出版の萩原社長。いつも応援していただいている日本名刺協会・カブキ塾・モエル塾・塾長塾・日本みとめの会・福を呼ぶ！ゆかふぇ勉強会・名刺×ブログ勉強会・パワーランチの会・しゃべらん会・府中連邦会議のみなさん。また、いつも応援していただいているアメブロガーのみなさん、飲み仲間。そして、すばらしいお客様方。そして、本書を読んでいただいたあなた。あなたたちに支えられてここまで書くことができました。

最愛の妻ふさちゃん。かわいい息子　涼竜、陽央。私の元気の源です。
本当にありがとうございます。

２０１０年６月

仕事が取れる名刺の専門家　福田剛大

福田にはここで会えます
ホームページ:http://www.shunkan-dentatsu.com
ブログ:http://ameblo.jp/getjazzed/
twitter と Facebook の ID:meishipro
本書の感想楽しみにしています：zettaijyuchu@gmail.com

あなたの名刺が相手の〝魂を震わせる〟奇跡とは？……発行人メッセージ

「初めまして。よろしくお願いします」

初対面の名刺交換で誰もがするような挨拶をしつつ、その方はカラー版の2つ折り4ページ、本人の顔写真やら何やらが入った、とにかく全4面すべてに、小さな文字がびっしりと埋め込まれた感じの〝びっくり名刺〟を私に差し出したのです。

「へえ、ほう、ユニークな名刺ですねえ」

と答えつつ、私は内心で、

（自分と同じことを考える人間て、いるんだねえ。でもカラー印刷して、ここまで徹底してつくりあげてる人間て、そうはいない。一体、どんな仕事をしている人なんだろう）

と、その方に、がぜん興味を持ったのです。

＊　＊　＊

その集まりは、初夏の土曜日の昼、東京・赤坂でのライブハウスでのことでした。

ビジネス書をすでに何冊も書いている作家の方々を中心に、フリーで活躍中のライターや会社勤めのビジネスパーソンなど五、六十人ほどが参集しての交流会というか、勉強会というか、ちょっと不思議な熱気につつまれた会合でした。

私はというと、今回のよびかけ人となったコンサルタントのおひとりから、

「面白い集まりがあるんですが、出てみませんか。出版社の編集者も何人か見えますし、本を書きたい作家志望の人たちもきますので……」

という誘いを受けたのでした。編集者の悲しい性というか、好奇心と商売人根性からというか、〝有望な作家の集まり〟というお誘いの言葉には一種妖しいひびきがあり、その魔力に抗い切れずに、二つ返事で参加を決めたのです。

＊　＊　＊

やがて件の会合もお開きとなり、夕方近くにお酒が入っての二次会場に移りました。と、偶然、いや、必然のように先ほどのびっくり名刺の方と、テーブル席で合席となったのです。これは、天の配剤か。

＊　＊　＊

じつは私事ですが、50をすぎてから自己流、独学でマスターした〝ヘタヘタマンガ〟を描くようになり、4つ折り9面の全面マンガだらけの〝世界にたった一部しかない雑誌〟と自称する名刺マガジン（サイズは名刺大、9ページ）とやらを作って、欲しいという方々には差し上げてきました。すると、皆さん、即座に同じように反応します。

「こんな名刺見たことない」

「うわあ、世界に一冊しかないって……え!?　自分（ご当人）が主人公の名刺マガジンなんて！　でもホントだあ、これは！」

と。それなりの仕掛けを施してあるせいか、おこがましくも、ユニークな名刺の反応と効用は、肌身で実体験しています。とにかく、受けとった方々は一様に目をむきます。驚きます。話しが一気にはずみます。それは、あとあとまで強烈な印象を残すようです。

＊　＊　＊

その方の名刺にはこうありました。

「瞬間伝達名刺」

何だろう？　って思わせますよね。さらには、

「名刺は〝命使〟」

とあります。はて、〝命使〟とは……!?

なぜ？　その意味は？　と問いを発したのを機に、お互いの会話が一気に名刺の持つ仕事の核心へと進んだのです。その方は、言いました。

「使命を名刺に書くと、自分が望んでいるお客様がやってくるんです。こちらが何もしゃべらなくても、お客様ご自身から〝魂が震えました。お仕事、ぜひお願いします〟となるこ

とも多いんですよ。だから、名刺には使命を書く。名刺は自分の命を吹き込んだ〝命使〟なんです」

そして、こうも言いました。

「この名刺は、私の使用実績、頼まれて私が名刺をおつくりした方々の使用実績、それらを統合してみたら、お渡しするだけで、統計上24人に1人の割りで仕事の注文をいただいていることがわかったのです」

＊　＊　＊

そうなのです。ここまでに至るには、絶対受注名刺となるさまざまな物語がありました。人生と仕事の本質が問われ、追求され、完成型になるまでの物語があったのです。

その方とは、もちろんこの本の著者、福田剛大さんです。

お会いしてから二年、進化に進化を重ねてついにたどりついた〝絶対受注名刺〟をここに本にすることができました。

本書があれば、誰でもたやすく自分仕様の〝絶対受注名刺〟がつくれるのです。

この名刺なくしてビジネスの本質は語れない。そんな状況になるのは時間の問題だと、私は確信しています。

萩原英昭（ハギジン出版社長）

推薦します（五十音順）

●渡すだけで仕事が取れる名刺を作れる、口べた&営業ベタな人の救世主！　この不況の時代に勇気と希望を与えてくれそう。

（『はじめてのツイッター入門［決定版］』著者　青山華子氏）

●ボクも福田さんに名刺を作ってもらいました。実は、その内容がHPにも、セミナー資料にも、いろんなところで使いまわせてます。福田さんが作ってくれるのは、名刺ではなくて使命ですからね。

（コミュニティビジネスの第一人者　今井孝氏）

●仕事は理論派でしっかり結果を出しつつも、おチャメでシャイな性格は人を惹きつける魅力いっぱい、勝手に口コミしたくなる大好きな方です。

（『情報整理術』著者　大谷更生氏）

●使命を名刺に書くと、自分が望むお客様がやってきます。この本で、独自の道を切り開いた福田さんの、素晴らしい名刺哲学を、堪能しましょう。

（気づき経営コンサルタント&キャッチフレーズマーケッター　荻野功一朗氏）

●福田さんは「継続」の人。そして、続けながらチカラを磨きあげてきた人。福田さんの手がける名刺はまさしく「命使」だという説明は他にいらない。

（『ホームページをリニューアルしたいと思ったときに読む本』著者　川島康平氏）

●売れない売れないと言っている社長さんこそ、絶対受注名刺を持つべきです。V字回復間違いありません。

（訪問しないで売る営業コンサルタント　菊原智明氏）

●福田さんは愛あふれる優しい方です。私も皆さんと一緒に大切な名刺のことを学ぶのを楽しみにしています。

（『みるみる話し上手になる本』著者　倉島麻帆氏）

●すごいスキルを持っているのに、上から目線には決してならない人です。フレンドリーで、何でも相談できる雰囲気が漂うナイスガイです。

（活きの良い税理士　黒川明氏）

●ひとあたりがソフトですね。物事に変なこだわりがないので、お付き合いしていてストレスを感じさせない数少ない人ですよ。そんな福田さんの名刺術は、週末起業を加速させてくれます！

（週末の達人　小石雄一氏）

●福田さんのすごさは、とても「素直」で、チャレンジしているところである。「仕事がとれる名刺」という局地に到達したのも最初から、物凄いひらめきというよりも、試行錯誤を多分ず……っとしていて、その結果、「これ！」というのができた。また、それにとどまらず自分がやっている方法論はすべてオープンにしていて、日々研鑽をしているところが成功者の資質だと思います。

（『7デイズ・コーチング』著者　近藤直樹氏）

●福田さんから百枚に1回も名刺を作り変えてバージョンアップされることを聞いてびっくりしました。その証拠に、福田さんの名刺にはいろんなノウハウが凝縮されていますね。福田さんは、優しさオーラとともに、まごころや、ユニークさ、アイディア満載の素敵な方です。その人柄が、写真やイラストにも出ていて非常に覚えやすいです。名刺でも人を癒してくれるすご腕の福田さんです。

（『成功し続ける起業家はここが違う』著者　サニー久永氏）

●旧態依然とした名刺を、実践的な営業ツールに甦らせた福田さんの着眼点の良さ！この人は天才です。

（『ブログ魂』著者　嶋田正邦氏）

●2年前、福田さんと初めて名刺交換したときのことを、今でも鮮明に覚えています。福田さんは、黙って、にこにこ。気づけば、私は名刺に書いてあるエピソードについて、福田さんにいっぱい質問していました（笑）。自分からしゃべらずとも、「福田式」名刺があれば、自ずと、人を引き寄せてしまうのです！
この本を読んだ多くの人が、ビジネスチャンスを引き寄せるでしょう!!
（『「共感」で人を動かす話し方』著者　菅原美千子氏）

●福田さんに会ったときから、びっくりしました。
一度会ったら忘れない髪型、そしてとてもホットな人柄に好感です。私が主催の勉強会などでもブランディングテーマの講師をしてもらい、本質をお話しする正直な姿勢に感動しました。当然、この名刺本も、本音100％で直球で書かれていると思います！とても楽しみですね！

（『COACHがGUCCIより売れてるって、本当ですか？』著者　鈴木宣利氏）

●福田さんは見た目のインパクトがすごいので、本当は名刺は要らない人なんです。（笑）でも名刺に工夫したら、それだけで仕事を取れるようになっちゃった。そのヒミツが読めるとは、非常に楽しみです！
（名刺協会理事・『1秒で10倍稼ぐありえない名刺の作り方』著者
名刺アドバイザー　高木芳紀氏）

●9・1×5・5cmの1枚に命を入れると人生が大きく変わります。自分の名刺を見ながら読むと理由がわかりました。
（『儲かる手書きチラシ作成術』著者　全日本手書きチラシ研究家　出村邦彦氏）

●福田さんは、本当に人柄がよく、包んでくれるような存在で癒されます。福田さんの名刺セミナーに参加して、早速私も名刺をデザインし直しました！　優しいだけではなく、力強い実績に基づいた実力のある人です。
（『お金をかけずに繁盛店に変える本』著者　富田英太氏）

●「口下手な表現者」である福田さんの渾身の1冊と期待しています。読者の方には、名刺とは消耗品費や雑費ではなく、広告宣伝費であることを実感していただきたいと思います。
（ビジネスコネクター　セミナーコンダクター　豊田栄次氏）

●この度は出版おめでとう！福ちゃんの笑顔と誠実な心は多くの人に勇気と希望を与えてくれます。本当にありがとう！
（『スピードブランディング』著者　鳥居祐一氏）

●金なし、コネ無し、ホームページ無しのクリエイターが名刺だけで独自のビジネスを確立するという、僕と全く同じ境遇の福田さん、お互い名刺で中小企業を救おうね！
（名刺協会理事・しゃべる名刺「言霊名刺」発案者　中野貴史氏）

●誠実って言葉がぴったりの福ちゃん！　いっぱい使命果たしていこうよ！
（地球探検隊　中村隊長氏）

●「入れ込むべき何か？」を持っていないとしたら、いくら名刺をいじっても反応なんて取れません。福田さんがこれまで辿ってきた道筋は、最短距離で到達する方法を示してくれるでしょう。
（中山マコト氏）

●福田さんすなわち命使道。誰にも再現し、ひとり、特別なできごとではなくする飽くなき挑戦は自己分析力・自己演出力・緻密な数字へのこだわりこれら結晶なので納得し強く共感します。
（『1人ビジネスであなたも年収1000万円稼げる』著者
1人ビジネスマスター　西田光弘氏）

●福田さんの人柄にやられてしまいました。柔らかさの中に熱い情熱を感じさせる男。辛酸の末に見つけた天職、だから彼の言葉には力がある。
（熱血起業家　林田レジリ浩文氏）

●福田さんは、全く自信がなかったところからブランド人に変わって行った人です。わたしが証人です。自信のなさこそが彼のスタートでした。

（作家　藤沢あゆみ氏）

●私はこれまで数多くの名刺を研究してきましたが、福田さんの名刺は、まさに「すごい名刺」でした。そのノウハウが詰まった本書は、必ずや口下手で人見知りの人の強い味方になってくれると思います。

（名刺協会理事・『ビジネスが加速する！すごい名刺』著者
名刺コンサルタント　堀内伸浩氏）

●福田さん（福ちゃん）は、クリエーターなのです。
だから本当はコミュニケーションは得意ではないのです。
なのに、あの名刺を見てください！凄くフレンドリーだし、親しみが沸いてくるのです。あんな名刺を見せられたら、誰でも福ちゃんを好きになってしまいます。つまり、福ちゃんは、相手を引き付ける名刺を作る、天才クリエーターなのです！　その秘密を書いたのが、この本です。

（『動機力仕事力』著者　株式会社堀越代表取締役　堀越登志喜氏）

●福田さんは本当に不思議な人です。いつも人を和ませ、決して出しゃばらない。でも、仕事が取れている。その秘密は名刺なんですよね。いいんですか、それ、全部書いてしまって……。

（ネクストサービス株式会社代表取締役ＣＥＯ
セミナープロデューサー　松尾昭仁氏）

●名刺は命使」と定め、明るく楽しく、一歩一歩着実に、人生の階段をあがっていっている人です。おちゃめ笑顔の裏にレベルの高い、ブランディング、マーケティングの知識を秘めながら、たくさんの人たちに愛され、たくさんの人たちを愛する、とっても粋な男です。

（『真のリーダーに導く7通の手紙』著者　松山淳氏）

●福田さんの名刺、私も愛用しています。福田さんが実際に仕事を取っているから。なぜ福田さんは、名刺を配るだけでそんなに注文が取れるのでしょうか？
詳しくは→http://blogs.bizmakoto.jp/toppakoh/entry/400.html

（『奇跡の営業所』著者　森川滋之氏）

●シャイだけどまじめな人です！コアな部分はブレてないよ♪

（超実践型オークションスクール山口塾代表　山口裕一郎氏）

●福田さんは見た目もインパクトありますが、名刺はもっとインパクトがあります。何度も名刺が欲しくなる不思議な名刺を持ってます。

（『ヒトがいない、カネがない、仕事がない　社長、
ネットがありますよ！』著者　吉田和彦氏）

●福田さんの名刺は、個人のパンフレットをコンパクトにしたような、ビジネスチャンスを拓くカードだよね。まさに、パーソナルカードという新しいジャンルを築いたパイオニアです。

（新規開拓営業の神様　吉見範一氏）

●福田剛大氏が編み出した名刺は〝働き者〟です。営業活動のストレスを和らげるとともに、仕事や経営、人生に豊かさと幸せをもたらしてくれます。とりわけ販売や受注に苦労する中小・零細企業や自営業者、士業の皆さまにとり大きな福音、すなわち「大福」となることでしょう。あなたに代わり営業活動を行ってくれる画期的な名刺をぜひ試してみてください。

（『実例に学ぶ提案営業成功の極意』著者
営業強化・再建一筋！　和田創氏）

●福田さんは初めて会ったときから、私と同じ〝内向型〟のニオイがしました。広告とマーケティングを知り尽くした男が、本気で名刺を作ったらどうなるか。やっぱり広まっていくんですよね。私の名刺も福田式です。

（『「しゃべらない営業」の技術』著者　渡瀬謙氏）

《本書に掲載している参考図書》

◆「ビジネスが加速する！　すごい名刺」堀内伸浩著、ソシム
◆「口ベタなあなたを救うしゃべる名刺」中野貴史著、日本実業出版社
◆「1秒で10倍稼ぐありえない名刺の作り方」高木芳紀著、インフォトップ出版
◆「仕事がどんどんやってくる目立つ技術」中山マコト著、中経出版
◆「37ヶ月連続トップ営業が極めた なぜか挨拶だけで売れてしまう営業法」木戸一敏著、大和出版
◆「スピード・ブランディング」鳥居祐一著、ダイヤモンド社
◆「だから儲かった手書きチラシ作成術　トラの巻」出村邦彦著、ハギジン出版
◆「小さな店でも大きな会社でも　営業力は社長の「顔出し」で3倍アップする」落合英之著、ハギジン出版
◆「あたりまえだけどなかなかできない雑談のルール」松橋良紀著、明日香出版社
◆「人脈塾 サラリーマンも「自分名刺」を持ちなさい」關口勝生著、阪急コミュニケーションズ
◆「ビジネスに使える！ 見た目を9割上げる写真活用術」タツ・オザワ著、東洋経済新報社
◆「お金をかけずに、モノも売らずに「儲ける仕組み」を作る方法」谷田貝孝一著、シンクネクスト
◆「あなたも、3秒でお客がつかめる。プロが教える"儲かる広告""売れるコピー"のコツ」荻野浩一朗著、大和出版
◆「WEB・口コミ・人脈 0円集客」桑原浩二著、マネジメント社
◆「心臓がドキドキせず　あがらずに話せる本」新田祥子著、明日香出版社
◆「パーソナルブランディング」ピーター・モントヤ著、東洋経済新報社
◆「28歳までに他社にスカウトされる人脈術」坂田篤史著、ダイヤモンド社
◆「給与明細のカラクリと社会のオキテ［改訂版］」落合孝裕著、秀和システム
◆「7デイズ・コーチング」近藤直樹著、エクスナレッジ
◆「売れる営業のカバンの中身が見たい！」吉見範一著、大和出版
◆「奇跡の営業所」森川滋之著、きこ書房
◆「成功者に学ぶ、心をつかむ言葉術」夏川賀央著、成美堂出版
◆「ピカもん」窪之内英策著、講談社
◆「いのちのバトン」相田みつを著、角川書店

プレゼントの秘蔵音声は
元気なりますよ！

出版記念読者プレゼント

著者から読者の皆様へ！本書に登場した絶対受注名刺の原点である『認めたくない過去を直視することで、人生を180度変えることができる』6編を収録した音声をプレゼントいたします。ナビゲーターは、カリスマ営業コンサルタントの木戸一敏さん。あなたの辛い過去が財産だと思える奇跡の物語を、お楽しみください。

第一話：部下に仕事を任せられない自分が、人を信頼できるようになった秘訣とは？
第二話：妻はどうせ何を言っても怒るんだろうと思い、だったら話さない方がマシだ、を打開した方法とは？
第三話：自分で自分を縛りつけていた「思い込みのルール」を発見したことで、コミュニケーションが劇的に変わる！
第四話：自分勝手なわがままなクライアントは、自分自身がお金を直視していない証拠
第五話：子供に愛情を伝えるたった1つの言葉「生まれてきてくれてありがとう」
第六話：素直に人を褒められる秘訣は、父親への感謝の気持ち

合計約84分
6,300円相当

下記のホームページアドレスからダウンロードできます
http://www.shunkan-dentatsu.com 瞬間伝達

147
ページにヒントがあります

※個人情報につきましては、本プレゼント以外目的では使用いたしません。
※なお、このプレゼントは予告なく終了する場合がありますので、お早めにご請求ください。

Special Thanks!

この本のタイトル募集イベントに参加された方々（順不同・敬称略）

手塚宏樹　0円集客研究家谷田貝孝一　つる　鳳万里香　牧野谷輝　坂井臣年　getheaven　侍人　前向きライフプレゼンター島幸樹　イーグルボム　Andy西川　沙也香@ANEE　企業の顧問カウンセラー臨床心理士妻夫木　サーハー　花音　笠原輝　松浦敦司　今井敦子　サンシャイン　離婚不倫等トラブルバスターズ　関根祐浩　大浦慶文　石川ケンタ　おせっかい社長　藤代圭一　寺西津由子　ボディセラピスト伊藤泰範　風船の魔法使いエリサ　@nakatome　松山淳　坂本陽子　不動産相談の達人杉山善昭　イノウエダイスケ　いままる@今村憲治　スズキヒカル　山口裕一郎　豊福良太　闘口勝生　yuliana　タミヤカオリ　原さおり　三山裕　三塚浩二　yebisu　千花じゅりあ　JIN　tomorocchi　睦五郎　keiichi inagawa　おだかえいじ　笠作美須雄　誠ノ介　ラストラブレタープロデューサー横川裕之　u1_i　徳永英人　tarot291　romiy　石川勘太郎　藤原弓子　natsugasuki　ゆうさく　ママチャリで日本一周している経営者　宮下正敏　佐川京子　るんるん♪りかちゃん　福島里加　ハンドケアはハートケア　骨折ニート　波多江純子　BIRD　小泉まゆみ　M.KITAGAWA　近藤澄江　小川祐綺　大河内延明　桜井正彦　岡村周一　桑原浩二　水彩画の魔法教えてます☆楠田きゃろ　小柳三紗　momokusu　田町のジュリー　亀田憲　天平美人浅沼真由美　あいはらせと　川島康平　水越浩幸　疋田正憲　近藤真弘　夢を叶える不思議なコーチゆかふぇ　成井裕美　福原智子　飯高浩成　DandyLadyシホ　なでお　〝mist-R〟　マッサージセラピスト平田涼子　馨子　三河いつみ　幸せデザインコーチ大野敏昭　池田光宏　牧貴士　村林有机子　村林暁　masterkey39　中岡　高橋美涼　売らせるコーチ永澤恵一　ふじかわようこ（ねぼ）　秋田俊弥　大島宏介　脇田康介　Jupiterjazz　amayan55　今井英法　照日　sh4rk　沖本るり子　布村壮太　ありさ　南津弥　みなみ　長田秀樹　@shyamamo　@ooesan_suki　@wakanahajime　@inomsk　@printseikatsu　@meta_bochi　@nsin1　@yoko55music　@Tatsunori_T　@ishibasystem　@yasuko_i_sr　@CocoroFP　青山華子　藤沢あゆみ　c-j中嶋　よーこりん　内藤みか　しもまゆ　高木芳紀　中里貴幸　四ツ柳茂樹　田渕隆茂　殿塚朝美　れいれい@好きなことでママ起業　西田充広　ボス　臼井由妃　今泉武史　ホリコン　小澤渉　sugiyuzu　佐藤善久　竹中正幸　人脈コネクター　取次学　鳥居祐一　渡瀬謙　藤原智明　山田あきこ　0234

【著者紹介】
福田剛大（ふくだ・たけひろ）
◎——1968年生まれ。岩手県遠野市出身。コミュニケーション促進ツール企画・作成会社「大福」代表。名刺研究所所長。
◎——日本で唯一「仕事が取れる」とコミットメントするビジネス名刺の専門家。日本大学法学部新聞学科卒業後、電通ワンダーマンなどの広告・マーケティング業界に14年間携わったのち独立。過労・ストレスから陥った対人恐怖症を乗り越え、24人に1人が渡すだけで仕事が取れる「絶対受注名刺」を開発。
◎——価値が伝わりにくい高額商品を、インターネットで3億円売り上げるWEBマーケティングのスペシャリストでもありながら、自身のマーケティングは名刺と口コミだけで行なう徹底振りは、多くのブランド人から賞賛されている。
◎——瞬間★ブランドツールクリエーター。使命引き出しコンサルタント。コピーライター、クリエイティブディレクター。日本名刺協会理事。
◎——名刺交換だけで仕事が取れる世の中にするのが夢。

24人《にん》に1人《り》　渡《わた》すだけで仕事《しごと》が取《と》れる「絶対受注名刺《ぜったいじゅちゅうめいし》」 <検印廃止>

2010年7月23日　第1刷発行
2010年8月4日　第3刷発行

著　者—福田剛大 ©
発行人—萩原英昭
発行所—有限会社ハギジン出版 ★ユーモアアート®の
（ハギジン出版のミッションは、四角い地球を丸くして宇宙に輝くダイヤモンドにすることです。）
〒105-0004　東京都港区新橋6-11-3 アーバン新橋ビル
TEL03(5401)3386〈ご用は一番耳からハロー〉
FAX03(5401)3387〈ご用は一番耳から鼻へ〉
http://www.hagizine.co.jp　E-mail:hagizine@eagle.ocn.ne.jp
郵便振替 00110-2-582999

印刷所—株式会社光邦

乱丁本・落丁本は小社にてお取り替えします。

ISBN978-4-938907-57-0 C0034　2010 Printed in Japan　© Takehiro Fukuda

表　面

❾ つらい経験が、今の仕事に結びついている**という想いで**

❶ 一番付き合いたいお客様**のために**

❹ あなたの商品・サービス**で**

❸ 付き合いたいお客様**の悩みを解消します**

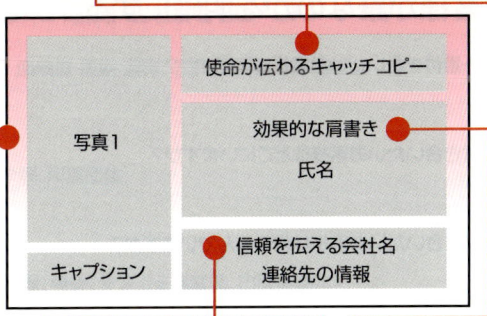

色に関して、コーポレートカラーで会社のイメージを訴求する。最初から考える場合は、ビジネスだから紺色だとこだわらずに、職業を連想させる色や、ビタミンカラーなど元気な暖色系が好ましい。今年の風水ラッキーカラーを取り入れると、ご利益名刺として話題に

写真1	使命が伝わるキャッチコピー
	効果的な肩書き 氏名
キャプション	信頼を伝える会社名 連絡先の情報

❺ その商品・サービスでお客様の困っていることを解決できる

＋ 会社名

❻ お客様はあなたの商品・サービスを利用することでどんな得がありますか?

＋ 一般的な肩書き

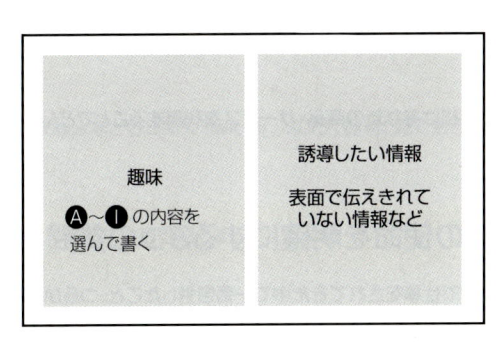

裏　面

趣味 A～I の内容を選んで書く	誘導したい情報 表面で伝えきれていない情報など

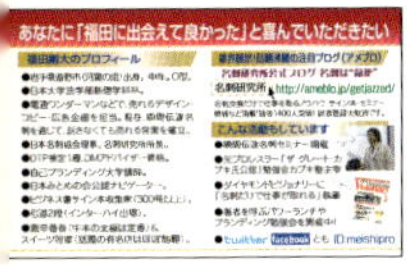

う場所に合わせて
すると、
できます。

「絶対受注名刺」4面タイプの作り方

※2面タイプは、表面と裏面で作成してください。

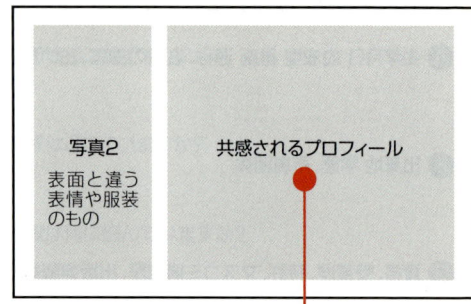

中面左

写真2

表面と違う
表情や服装
のもの

共感されるプロフィール

❼ 仕事をされてきた中で一番苦労したこと、
つらかったこと**という経験を、**

❽ それをあるきっかけで**克服しました。**

❾ この経験が、今の仕事にこう結びついて**いるので**
あなたの気持ちがわかります。

この順番でプロフィールを書く

中面右

業務内容／業務実績

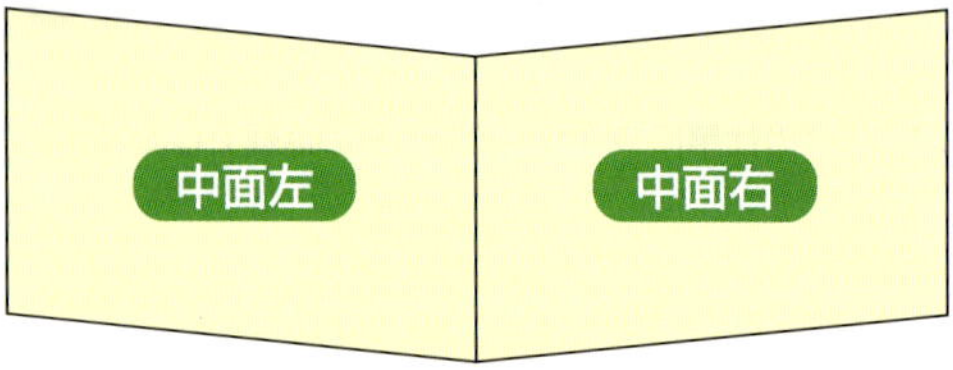

❷ の付き合いたいお客様がい
各要素を細かくカスタマイ
さらに印象を強くすることた